未来をつくる
インターナショナルスクール経営戦略

はじめに――将来のグローバルリーダー輩出のために若年層教育のあり方を考える

本書執筆の背景

これからの日本の国家戦略を考える際、最も重要なテーマの一つが「教育」であると私は考えています。バブル崩壊後の30年以上にわたり、日本の生産性は伸び悩み、GDP（国内総生産）はほぼ横ばいで推移してきました。一方で、世界では先進国も新興国もGDPを大きく伸ばしており、かつてはアメリカに次ぐ世界第2位の経済大国であった日本は、2010年に中国にその座を明け渡し、その後も差が開き続けています。そして、2024年にはドイツにも抜かれ、次はインドが追い上げてきています。このままでは、数年以内に日本のGDPは世界第5位にまで後退することが確実視されています。

この長期にわたる経済の停滞を打破するためには、新たな富を創出し、商品やサービスの付加価値を高めることができる、イノベーティブな人材の育成が急務です。しかも、これを実現するには一朝一夕では不可能であり、長期的な視野に立って意図的かつ計画的な教育を行う必要があります。そのような人材を育成するためには、将来の日本やアジア、さらには世界で求められる人材像を明確にし、そのビジョンに基づいて教育プログラムを設計しなければなりません。具体的には、小学校から高等教育に至るまでの教育カリキュラムを再構築し、日本が国家としてイノベーティブな人材を育成するための戦略を立案し、実行する必要があります。

本書は、このような背景の下に、今後日本が選択すべき教育のオプションについて、著者である私自身が10年余にわたりインターナショナルスクールを運営してきた経験と実績を基に論じるものです。これまでに私が執筆した『未来をつくる大学経営戦略』（２０２３年10月刊行）では、リスキリング需要への対応、教育ポートフォリオの見直し、オンキャンパスとオンラインのベストミックス、ＡＩ（人工知能）の積極的活用、地域社会との連携強化、学びの国際化、独自性の追求について提言しました。また、『未来をつくる人と組織の経営戦略』（２０２４年5月刊行）では、企業内に次世代経営人材を育成する「企業内ビジネススクール」の設置を通じて、人材育成を強化し、人的資本経営を推進するためのソリューションについて提言しました。そして、本書では大学生や社会人になる前の若年層の教育、特にグローバルに活躍できる人材を育成するための教育のあり方について、私の見解を述べています。

私は長年、世界中で活躍するグローバルリーダーと接する中で、日本の未来を前向きに形づくり国際社会に貢献できる人材を育成することが不可欠だと感じてきました。そのためには、情熱と行動力を持ち、グローバルな視野で物事を捉えられる教育環境が必要です。私がスイスのジュネーブにある国際バカロレア機構（ＩＢＯ）が提供する国際的な教育カリキュラムである国際バカロレア（ＩＢ）教育に強い魅力を感じ、これを日本で広めるための活動に参画してきたのも、このような教育が日本の未来を支える鍵となると確信していたからです。

２０１３年に、私はアオバジャパン・インターナショナルスクールの関係者とのご縁をいただきました。同校はすでに歴史あるインターナショナルスクールとして国際教育プログラムを提供していましたが、残念ながら経営状況は芳しくありませんでした。その頃、私は株式会社ビジネス・ブレークスルー（現・株式会社Ａｏｂａ‐ＢＢＴ）において新規事業の立案を求められており、アオバジャパン・インターナショナルスクールの経営に参画し、国際バカロレア（ＩＢ）認定校（第3章で詳述）として再興することを提案しました。

弊社はもともと大学生や社会人を対象に、経営指導やリカレント教育を提供する人材育成事業を展開していました。その一環として、自社で開発したオンライン学習プラットフォーム「AirCampus®」を通じ、社会人や大学生、大学院生に向けた学びを提供してきました。

しかし、幼児から高校生までを対象とするインターナショナルスクールの運営は、当初の事業とは直接的な親和性が見出しにくかったため、取締役会では反対意見が多数を占めました。それでも私は、インターナショナルスクール運営の意義を丁寧に説明し、最終的には経営参画の承認を勝ち取りました。

承認を得た後は、まず教育カリキュラムの充実と教職員の質の向上に注力し、国際バカロレア（ＩＢ）認定を取得して教育の信頼性を高めました。さらに、広報活動を強化し、プリスクールやサマースクール、アフタースクールなど多様なプログラムを提供することで、さまざまな家庭が利用しやすい環境を整えました。

こうした包括的な取り組みの結果、生徒数は安定的に増加し、当初２７８名だったアオバジャパン・インターナショナルスクールの生徒数は、11年後の２０２４年現在ではグループ校を含めて約１６００名にまで拡大しました。また、拠点数も２カ所からグループ校を含む12カ所に増やし、日本最大の国際バカロレア（ＩＢ）認定校へと成長することができました。

現在では、日本国内における国際教育のフロントランナーとして、その地位を確立しています。

著者について

私は、愛媛県立松山東高等学校を卒業後、京都大学工学部に進学し、同大学院で学位を取得しました。その後、国際的な視野を広げるためにイギリスのロンドン・スクール・オブ・エコノミクス（ＬＳＥ）で経済学の修士号を、アメリカのノースウェスタン大学ケロッグ経営大学院でＭＢＡ（経営学修士号）を取得しました。これにより、エンジニアリング、経済学、経営学の知識を統合し、多面的な視点からビジネスに貢献できる基盤を築きました。

その後、アンダーセン・コンサルティング（現・アクセンチュア）、ブーズ・アレン・ハミルトン、大前・アンド・アソシエーツといった名だたるコンサルティングファームで経営コンサルタントとしてキャリアを積みました。これらの経験を通じ、グローバルな経営戦略に関する専門知識と実務経験を深めました。その後、オンラインスーパー「エブリデイ・ドット・コム」を共同創業し、実業家としてのキャリアもスタートさせました。この起業経験は、企業経営に関する理論と実践をより深く理解する契機となりました。

現在、私が代表取締役社長を務める株式会社Ａｏｂａ‐ＢＢＴは、１９９８年に世界的な経営コンサルタントである大前研一が創業した教育事業会社です。前述したとおり、創業時の社名は株式会社ビジネス・ブレークスルーで、大学生や社会人、さらには経営者向けのリカレント教育事業を中心に展開していましたが、２０１３年に幼児から高校生までを対象としたインターナショナルスクール事業「アオバジャパン・インターナショナルスクール」の経営にも参画し、教育事業の幅を大きく広げました。この一貫教育の取り組みは、私たちのミッションである「グローバルに活躍する人材を輩出する」という目標に深く貢献しています。

２０２３年10月に創業25周年を迎えた弊社は、この節目を「第二の創業」と位置づけ、社名を「ビジネス・ブレークスルー」から現在の「Ａｏｂａ‐ＢＢＴ」に改称しました。これには、インターナショナルスクール事業を弊社の第二の柱とし、事業のさらなる発展を図る決意が込められています。

弊社のミッションは「グローバルに活躍する人材を輩出する」ことであり、ビジョンは「Lifetime Empowerment」、すなわち「一生涯学び続け、一生涯成長し続ける学び舎であること」です。このビジョンに基づき、創業以来、ビジネス・ブレークスルー大学および同大学院の運営を通じて、国際的な視野と開拓者精神を持つリーダー育成に努めてきました。

私がインターナショナルスクール事業に強い関心を持ったのは、幼稚園から一貫した教育を提供することで、自社のミッションとビジョンをより深く実現できると確信したからです。

現在では、このインターナショナルスクール事業が弊社の成長を牽引する大きな力となっており、「Ａｏｂａ（アオバ）」の名が社名に冠されるまでに至ったことは、私にとって言葉では言い表せない喜びとなっています。

本書の構成

本書は全5章から構成されています。

まず、第1章では、日本の未来を担う人材像について考察し、そのような人材を育成するために必要な教育について問題提起をします。特に、グローバル社会に対応できるリーダーシップや多様性を受け入れる力が求められる現代において、インターナショナルスクールの役割を提案し、その必要性を強調します。また、グローバルな視点を持つための教育カリキュラムとして、国際バカロレア（ＩＢ）の重要性にも触れています。

次に、第2章では、インターナショナルスクールの市場動向や歴史、国内外における現状を紹介し、インターナショナルスクールを選ぶ際の基準を提示します。ここでは、学習環境や教員の質、カリキュラムだけでなく、「子どもたちが将来、国際社会でどのような役割を担うことができるか」という観点から、学校選びのポイントについても考察します。

第3章では、国際バカロレア（ＩＢ）プログラムに焦点を当て、その理念やカリキュラムの構成を解説します。国際バカロレア（ＩＢ）教育が目指す人材像とその育成過程、さらにそれがいかにして次世代のグローバルリーダーを育成するために効果的であるかについて、具体的な事例を交えて考察しています。

続く第4章では、弊社Ａｏｂａ‐ＢＢＴが手がける教育改革について、実例に基づいて詳しく紹介します。アオバジャパン・インターナショナルスクールでの改革事例を中心に、教育ガバナンスの強化やカリキュラムのハイブリッド化の成果を示します。また、ＩＢＤＰ（国際バカロレア・ディプロマ・プログラム）と独自に構築したＧＬＤ（グローバル・リーダーシップ・ディプロマ）のハイブリッドカリキュラムについても、その成果と今後の展望について述べています。東京都内にある光が丘キャンパスと文京キャンパスで行われている実際の授業風景も写真付きで紹介します。

最後に、第5章では、テクノロジーの進化が教育に与える影響について取り上げます。特に、ＡＩ（人工知能）やオンライン教育の進展が教育の未来にどのように寄与するかを考察し、教育現場におけるテクノロジーの活用の重要性について提言します。これにより、オンライン教育やハイブリッド学習がグローバルな教育環境でどのように発展していくか、具体的な未来像を描きます。

また、各章末や巻末には、私がこれまでに関わってきたインターナショナルスクール運営や国際バカロレア（ＩＢ）の啓蒙活動で知己を得た国内外の有識者へのインタビューや対談を掲載し、読者のみなさまが本書のメッセージや内容をより多角的に理解できるよう工夫しています。

本書は、弊社の成功事例の紹介を目的とするものではありません。むしろ、国内外の教育トレンドを紹介し、これからの日本の教育が向かうべき方向性について、読者と考えを共有することを目指しています。

インターナショナルスクールやグローバル教育に関心を持つ親御さんをはじめとする読者のみなさまが、本書を通じて、今後の教育の選択肢や可能性について新たな視点を得ることができれば幸いです。

さらに、本書が教育現場に携わる方々にとって少しでも有益な情報を提供し、より多くのグローバル人材が育成される一助となり、日本や世界の未来に貢献できることを期待しています。

２０２４年12月吉日

株式会社Ａｏｂａ‐ＢＢＴ　代表取締役社長　柴田　巖

未来をつくるインターナショナルスクール経営戦略

目次

第3章 次世代型世界標準カリキュラム「国際バカロレア（IB）」

第５章 テクノロジーの進化と教育の未来

写真／櫻井文也
作図／室井浩明（STUDIO EYES）

第1章
日本の未来を切り拓く国際教育

1　グローバルな視点と国際教育の必要性

グローバル人材の基礎を育む学校教育の可能性

未来の日本を形づくるためには、どのような人材が必要なのでしょうか。

端的に言うと、「グローバルに活躍できる人材」です。このような人材を多数輩出することで、日本はさらにグローバルな社会でリーダーシップを発揮し、アジアにおける重要な存在であり続けることが期待されます。

たとえば、2024年を振り返ると、日本はスポーツ、文化、技術、政治の各分野で国際的なプレゼンスを発揮しました。

スポーツでは、大谷翔平選手がメジャーリーグベースボール（MLB）で再びMVP（最優秀選手賞）の最終候補にノミネートされたことが世界中で報じられました。また、パリ・オリンピックでも日本選手団が多くのメダルを獲得し、特に水泳や柔道での活躍が際立ち、日本の競技力が示されました。

文化面では、漫画家の鳥山明氏の逝去が世界中で惜しまれ、彼の作品が国際的に与えた影響が再確認されました。さらに、リメイクドラマ『ＳＨＯＧＵＮ 将軍』がエミー賞で18冠を獲得し、日本の文化的影響力を世界に示しました。

技術面では、日本の水素エネルギー技術の実用化が拡大し、環境問題の解決に向けた国際的なリーダーシップを発揮しました。

このような実績に裏づけられる形で、日本が今後も国際的な存在感を維持し、さらに成長していくためには、グローバルな視点を持った人材を輩出することが不可欠です。これは国家戦略として重要であり、私自身も教育者としてその環境づくりが肝要であることを強く認識しています。グローバル人材は、単に求職活動で求められるだけではなく、今後社会のあらゆる分野でさらに必要とされる普遍的な存在となっていくでしょう。

私が定義する「グローバル人材」とは、単に外国語能力に秀でているとか国際ビジネスの場で活躍できるということにとどまらず、相手の国籍や民族、人種などのアイデンティティを尊重しつつ、「地球」という共通のリソースを共有する自覚を持ち、「地球全体の問題は自分たちの責任で解決していかなければならない」という当事者意識を持つ人々のことです。個人としての力が小さくとも、問題を投げ出さず、自分なりに解決策を見出し、行動することができる人材を指します。

遠くない将来、人類は月や火星に居住地を築くことになるという展望が現実味を帯びています。現在進行中の火星探査計画は、その基盤となる重要な一歩です。たとえば、NASA（アメリカ航空宇宙局）が主体となって進められている「アルテミス計画」では、月に持続可能な基地を建設し、その技術を活かして火星への有人探査を目指しています。この計画は、他国や民間企業とも連携しており、地球外居住地の構築に向けた技術や知見は日々進化しています。

火星探査においても、NASAの「パーサヴィアランス」ローバーが火星表面で地質調査を行い、将来的な有人探査のためのデータを収集しています。さらに、ESA（欧州宇宙機関）やスペースXといった企業も、火星への探査と居住に向けた計画を推進しています。これらの取り組みは、火星における資源の活用や居住可能な環境の実現に向けた研究を加速させています。

そうなれば、さらに「地球」という存在を俯瞰《ふかん》して考える必要が生まれ、「地球人」あるいは「グローバル・シティズン（地球市民）」としての価値と意味が一層重くなります。そのような未来に向けて、私たちは今こそ教育を見直し、次世代のグローバル人材を育成するための環境を整えなければなりません。

もちろん、グローバル人材になるための知識やスキルは、日本国内でも学ぶことが可能です。しかし、幼少期からグローバルな視点を意識した教育環境に身を置くことで、人はより自然にその資質を身につけることができると考えます。こうした環境を提供することは、学校教育に課せられた重大な責務であり、今後その重要性はますます高まっていくでしょう。

今後必要とされるグローバル人材とは

グローバル人材とは、単に国際的な舞台で活躍するだけでなく、社会全体に貢献し、世界規模の課題解決に取り組む人材です。特に、現代のグローバルな環境では、多様な価値観を理解し、持続可能な社会を築くために協力できる能力が求められています。つまり、グローバル人材は、世界をより良いものにするためのリーダーシップを発揮できる人材であると言えます。

アオバジャパン・インターナショナルスクールでは、こうしたグローバル人材を育成するために、未来の社会に必要な人材像を「5つのコア・バリュー」として定義しています。これらの価値観は、世界で活躍するだけでなく、社会全体に貢献するための基盤として重要です。

①グローバルなリーダーシップを発揮できる人

世界の課題に取り組み、社会に新たな価値を創造し、他者と協力してリーダーシップを発揮できる人材。

②問題解決能力を持つ人

複雑化する社会問題を論理的に解決し、社会に積極的に貢献することができる人材。

③英語を含め、多様な人々と効果的なコミュニケーションができる人

異なる言語や文化を理解し、国際社会で他者と協力し、関係を築ける人材。

④リスクを取って挑戦できる人

未知の課題や新しい機会に果敢に取り組み、柔軟に対応する人材。

⑤起業家精神を持ち、イノベーションを起こすことができる人

ゼロから新しいアイデアを生み出し、社会に持続的な変革をもたらすことができる人材。

これらのコア・バリューは、単に「グローバルな活躍」をするためだけでなく、社会全体をより良くするための資質として定義されています。これにより、グローバル人材とは、単に国際的に活動するだけでなく、社会をより良くするためにリーダーシップと責任感を持って行動する人材であることを明確にしています。

グローバル人材へのアプローチ

前述した5つのコア・バリューで表現した価値観は、今後、大学や企業においてますます重要視されるでしょう。しかし、これらの価値観を体得するには、単に知識や技能を教科書からインプットするだけでは不十分です。重要なのは、インプットした知識や技能を、自分なりに応用し、実際の場面でアウトプットできる力です。このアウトプットとは、単一のスキルとしてのコミュニケーション能力やリーダーシップではなく、前述した5つのコア・バリューを統合し、実践に活かす総合的な能力を意味します。

これらの能力はもちろん大人になってからも磨き続けることが可能ですが、小学校から中学校、高校にかけての各発達段階で、実践を通じて身につけることが理想であり、最も自然で効果的です。早い段階でこれらの力を培うことで、後の人生でグローバル社会においてその力を最大限に発揮できると考えています。

グローバル人材を育成するためのカリキュラムは、世界のどの国の教育制度にも何らかの形で組み込まれています。しかし、その重要性を明示し、真正面から取り組んでいるかどうかは国によって異なります。実際、教育へのアプローチにはさまざまな方法が存在しています。

たとえば、現在の日本の教育制度は、主に日本国内の大学で学び、日本国内の企業に就職することを前提に設計されています。このため、多くの親や子どもはその流れに疑問を抱かず、それが当たり前だと考えがちです。しかし、グローバル化が急速に進展し、生活や労働環境が劇的に変化している現在、その「当たり前」を疑い、新しい可能性を模索することが必要です。

日本のように比較的均質な国民性を持つ国は、世界では決して主流ではありません。世界には、異なる言語、宗教、文化を持つ人々から成る国・地域が数多く存在し、社会の多様性が当たり前です。また、現実の世界では、イスラエルとパレスチナ、ロシアとウクライナのように、戦争状態が続いている地域も少なくありません。第二次世界大戦後の日本のように、長期間にわたって平和が維持されている国はむしろ例外的です。このような国際的な現実を踏まえ、自分の将来を設計し、歩んでいくことがますます重要になります。

本書で詳しく紹介する「国際バカロレア（ＩＢ）」という学習カリキュラムは、グローバル人材の育成に非常に有効な教育プログラムです。この国際バカロレア（ＩＢ）のカリキュラムでは、10の学習者像（第３章で詳述）が定められており、その中にはコミュニケーション能力や問題解決力、リスクを取って挑戦する力など、グローバル社会で不可欠な要素が明確に示されています。国際バカロレア（ＩＢ）は、多くのインターナショナルスクールで採用されており、特に２０２０年以降の世界的な変化を背景に、その重要性は今後さらに高まっていくと考えられます。

ただし、ここで強調したいのは、私は決して日本の学校教育がインターナショナルスクールや国際バカロレア（ＩＢ）より劣っていると主張するつもりはないということです。教育制度は、各国の政治体制や宗教・文化的背景に大きく左右され、それぞれに特徴があります。

したがって、単純に優劣を比較するのは適切ではありません。

本書を通じて、読者のみなさまには、日本の教育システムとは異なるインターナショナルスクールや国際バカロレア（ＩＢ）という選択肢が存在することを知っていただきたいと思います。これらは、グローバル社会に対応するための一つの有力な手段であり、今後の日本にとっても重要な役割を果たす可能性を持っています。

日本の教育の課題

私は、「学ぶ目的」「学んで知を得たときの喜び」「学び方」さえ知っていれば、人は自ら学び続けるものだと考えています。教科書や教員を頼りにして、後追い的に知識を獲得するという姿勢だけでは、フォロワー的な学びにとどまり、新たなフロンティアを開拓する能力を持った人材は生まれてこないでしょう。

しかし、現在の日本の教育制度では、「学ぶ目的」や「学び方」について考える機会が非常に少ないのが現状です。多くの学生にとっては、定期テストで良い点を取ったり、入学試験に合格したりすることが唯一の目標となってしまい、その先にある「なぜ学ぶのか」という本質的な問いに目を向けられないまま社会に出ていくことが一般的です。

このように現在の日本の教育は、暗記が重視され、知識の一時的な定着のみが評価される傾向にあります。多くの学生が教科書に書かれている知識を試験前日に一夜漬けで頭に詰め込み、試験が終わった途端に覚えたことをすっかり忘れてしまいます。このプロセスが小学校から大学まで延々と繰り返され、結果として「大学を卒業したから、もう勉強しなくてもいい」という誤った意識を持って社会に出ることにつながっています。こうして、学ぶ喜びや、学びによって人生が豊かになることを知らずに大人になり、再び学びを求めることが難しくなってしまうのです。

また、日本の人々が学びに対して否定的になる理由の一つには、「学びが楽しくない」という経験が存在していると私は考えます。「学びが楽しくない」と感じれば、記憶にも残りづらく、学習はただの苦行としか記憶に残りません。このような学び方では、せっかくの教育が無駄なものになってしまいます。

現在の教育システムでは、アーティスト、スポーツ選手、料理人、官僚、教育者、ビジネスパーソンなど、目指す職業にかかわらず、誰もが画一的な教育を受けています。「自分が将来何をしたいのか、どのような道を歩みたいのか」について考える機会が非常に限られており、選択肢が与えられないまま進んでいくのが一般的です。

たとえば、小学校入学から高校卒業までの12年間、クラスの全員が同じ教科書を使い、教員の指導に従って一律に進められる授業では、生徒一人ひとりが本当に学びたいことや、関心のある分野を深掘りする機会がほとんどありません。生徒たちは、自分の興味にかかわらず、全員が同じペースで同じ内容を学ばなければなりません。このような状況では、学びは、興味や好奇心を刺激するものではなく、むしろ義務感で進められるものになってしまいます。

また、中間試験や期末試験などの定期テストも、生徒に学びをネガティブに捉えさせてしまう一因です。試験結果が生徒間に序列をつくり、成績の優劣が明確になることで、試験そのものが目的化されてしまい、本質的な学びがないがしろにされています。良い点数を取ったところで飛び級などのメリットがあるわけでもない一方で、悪い成績を取ったときの心理的ダメージは大きくなります。さらに、教員が教科書に書かれた内容を一方的に説明するだけの授業が多く、学びそのものが楽しさを欠いています。

日本の教育がこのような状況に陥った背景には、第二次世界大戦後の社会構造の変化があります。敗戦国となった日本は民主主義を謳《うた》った新憲法の下で経済の復興に注力しました。日本人の勤勉さや規律正しさが功を奏し、製造業を中心に経済発展が成し遂げられました。特に欧米の技術を模倣し、それを改善して大量生産することで、高度経済成長を支えてきたのです。この成功体験により、日本は「模倣し、改善する」という成長モデルに適した人材を育成することに特化してきました。

しかし、現在の日本は、少子高齢化と経済成長の鈍化に直面し、新たな成長モデルを模索しています。

従来の経済成長を支えた自動車や家電市場が飽和し、新興国との競争が激化する中、求められるのは物質的な豊かさだけでなく、精神的な豊かさや革新性を追求する時代です。このような背景の中で、旧来の教育システムではグローバル社会に対応できる人材の育成には限界があります。

日本の教育システムにおける問題は、学びの選択肢の少なさにも表れています。文部科学省は学習指導要領を通じて一定の整合性を保とうとしていますが、初等教育から高等教育まで一貫したカリキュラムを統合的に設計する仕組みは、依然として課題を残しています。また、各教育段階で管轄が異なることも、包括的な教育改革を進める上での障害となっています。

さらに、海外のカリキュラム導入においても課題があります。国際バカロレア（ＩＢ）の導入が進んでおり、２０２２年度までに日本の国際バカロレア（ＩＢ）認定校等数は２００校を超え、そのうち78校がいわゆる「一条校（学校教育法第1条で定められた学校）」となっていますが、この普及にはまだ課題があります。特に、国際バカロレア（ＩＢ）のプログラムを日本の学習指導要領と整合させることや、これを柔軟に対応できる教育体制の構築が必要です。

こうした課題を解決するためには、教育システム全体の見直しが不可欠です。初等教育から高等教育までの連携を強化し、柔軟な学びの選択肢を提供することによって、未来を担う人材を育成し、グローバル社会での競争力を高めていく必要があります。

私自身の実体験「海外と日本の教育の違い」

私の高校時代は、授業よりも課外活動に大きな楽しみを感じていました。特に文化祭やクラブ活動、友人たちとすごす時間が学校生活の中心でした。授業は退屈で、英語の授業では教員との相性も悪く、あまり集中できなかったことが思い出されます。

しかし、試験勉強では出題範囲を押さえれば対応できたため、最終的な成績に大きな支障はありませんでした。

一方で、課外活動が楽しかった理由を振り返ると、単に「目標が明確だったから」ではなく、自主的にやりたいことを見つけ、その実現に向けて自分たちで計画を立て、工夫しながら進めていたからだと感じます。「試験で良いスコアを取る」という目標も確かに明確でしたが、それは外部から与えられたものであり、自分で設定した目標ではありませんでした。文化祭やクラブ活動では、自分自身でテーマや目標を決め、それに向かって努力するプロセスそのものが楽しかったのです。

このような経験から、私は「やりたいことに自主的に取り組む」ことの重要性を学びました。これは後の進学にも影響を与え、京都大学工学部に進学し、建築を学びながら街づくりや都市計画に興味を持つようになりました。そして、さらに学びを深めるために、ロンドン・スクール・オブ・エコノミクス（ＬＳＥ）やアメリカのノースウェスタン大学ケロッグ経営大学院でも学ぶことを決意しました。

ＬＳＥでの学びは、京都大学での経験とは大きく異なりました。京都大学では、講義形式の授業が中心で、課題をこなすことが主な学びのプロセスでした。しかし、ＬＳＥでは、ディスカッションやプロジェクトが重要視され、学生自身が主体的に学ぶことが求められました。特に、政治や経済、文化といった、さまざまな視点から都市計画を捉えることができ、多面的な理解が深まりました。

さらに、アメリカのノースウェスタン大学では、都市の経済効果や収益性について学び、ビジネス的な視点から都市政策を考える機会が増えました。ここでも、自分自身がテーマを設定し、その実現に向けてどのように戦略を練り、課題を解決していくかを学ぶことが重視されました。

こうした海外での学びは、日本の教育と大きく異なるものでした。日本では、与えられた課題をこなすことが主でしたが、海外では「自分で考え、目標を定め、学びのプロセスに主体的に関与する」ことが求められました。これにより、学びそのものが深まり、やりがいを感じることができました。

同じトピックであっても、日本と海外では目的が異なることから、議論の方向性も大きく変わりました。ＬＳＥでは、都市計画や政策について議論する際に、社会的なインパクトや歴史的背景を重視する一方で、ノースウェスタン大学では、収益性や投資家へのアプローチといったビジネス的な観点が強く求められました。このような学び方の違いが、私のキャリア形成においても大きな影響を与えました。

自分で能動的に学ぶ、探究型学習の必要性

これまでの実体験を踏まえ、「そもそもなぜ学ぶのか」という目的意識を持ち、さらに自分なりの学び方を見つけられる教育が、日本には必要だと私は強く感じています。従来の日本の教育は、国全体の学力向上を重視するあまり、個々の生徒の好奇心や自主的な学びが軽視され、「学びを楽しむ」という側面が見過ごされてきたのではないでしょうか。学びが義務として捉えられ、苦痛を伴うものと感じられることが多くなっています。

しかし、私たち日本人は「人生１００年時代」に突入し、ライフステージの多様化により、従来の終身雇用や固定されたキャリアパスに頼る働き方が急速に見直されつつあります。このような変化の中では、生涯を通じて学び続けることが、個々のキャリアや生活の充実、さらには社会貢献にとって不可欠です。年齢や性別にかかわらず、自ら学び、新しいスキルや知識を得ることで、時代の変化に適応し、自身のウェルビーイング（幸福感）を高めることが求められます。

ここで重要なのは、学びが単に知識を詰め込む作業ではなく、学習者がそのプロセスを楽しむことで能動的に続けられるものとなる点です。苦痛を伴う部分がある一方で、学ぶこと

の喜びを感じることができれば、人は学び続けられます。これにより、一生涯にわたって能動的に学び続けるための基礎が築かれ、学習者は自己肯定感や自己効力感を向上させることができます。これが最終的には、個々のウェルビーイングの向上にもつながります。

このような探究型学習の重要性は、近年の教育トレンドにも反映されています。OECD（経済協力開発機構）が提唱する「エデュケーション2030」の「ラーニング・コンパス2030」では、知識やスキルの単なる習得にとどまらず、学習者が主体的に学び、社会で活用できる能力を育成することが目標とされています。このアプローチは、学習者の自己肯定感や自己効力感を高め、彼らのウェルビーイングを促進することも目的としています。学びを通じて「自分はできる」という感覚を得ることが、将来に向けた自信と意欲につながり、さらに豊かな人生を築く力となるのです。

私が理想とする国際バカロレア（IB）教育でも、生徒一人ひとりの好奇心に基づく探究型学習が重視されています。国際バカロレア（IB）では、生徒が主体的にテーマを選び、そのテーマを深く探究するプロセスが教育の中心となっています。教員はマニュアルどおりに授業を進めるのではなく、授業に工夫を凝らして生徒の興味を引き出し、彼らが自ら学びの楽しさを発見できるように導きます。このアプローチによって、生徒たちは知識を深めるだけでなく、自己の学び方を身につけ、探究する喜びを実感することができるのです。

こうした教育アプローチは、日本の教育においても必要不可欠です。画一的な教科書ベースの教育を超えて、個々の生徒が自分自身の学び方を見つけ、自分の興味や関心を探究できる環境が、今後の日本の教育改革において重要な要素となるでしょう。能動的な探究型学習を通じて、生徒たちは単に知識を得るだけでなく、学びの過程を楽しみながら自己肯定感や自己効力感を高め、より幸福な人生を歩むことができると信じています。

2 世界標準の学びを実現するインターナショナルスクール

多様なバックグラウンドを持つ学生を「国際人」に育て上げるインターナショナルスクール

近年、インターナショナルスクールの数と通学者数は急激に増加しています。過去10年でその数は1・5倍に増え、特に経済成長の著しいアジア地域で顕著です（図1）。

この増加には2つの大きな要因が関わっています。一つは、外国人労働者の増加による外国人家庭の需要、もう一つは、グローバル化にともなう国際教育への関心の高まりです。これにより、インターナショナルスクールは多様な学生を受け入れ、「国際人」を育成する場と

図1　全世界のインターナショナルスクールの数および通学者数

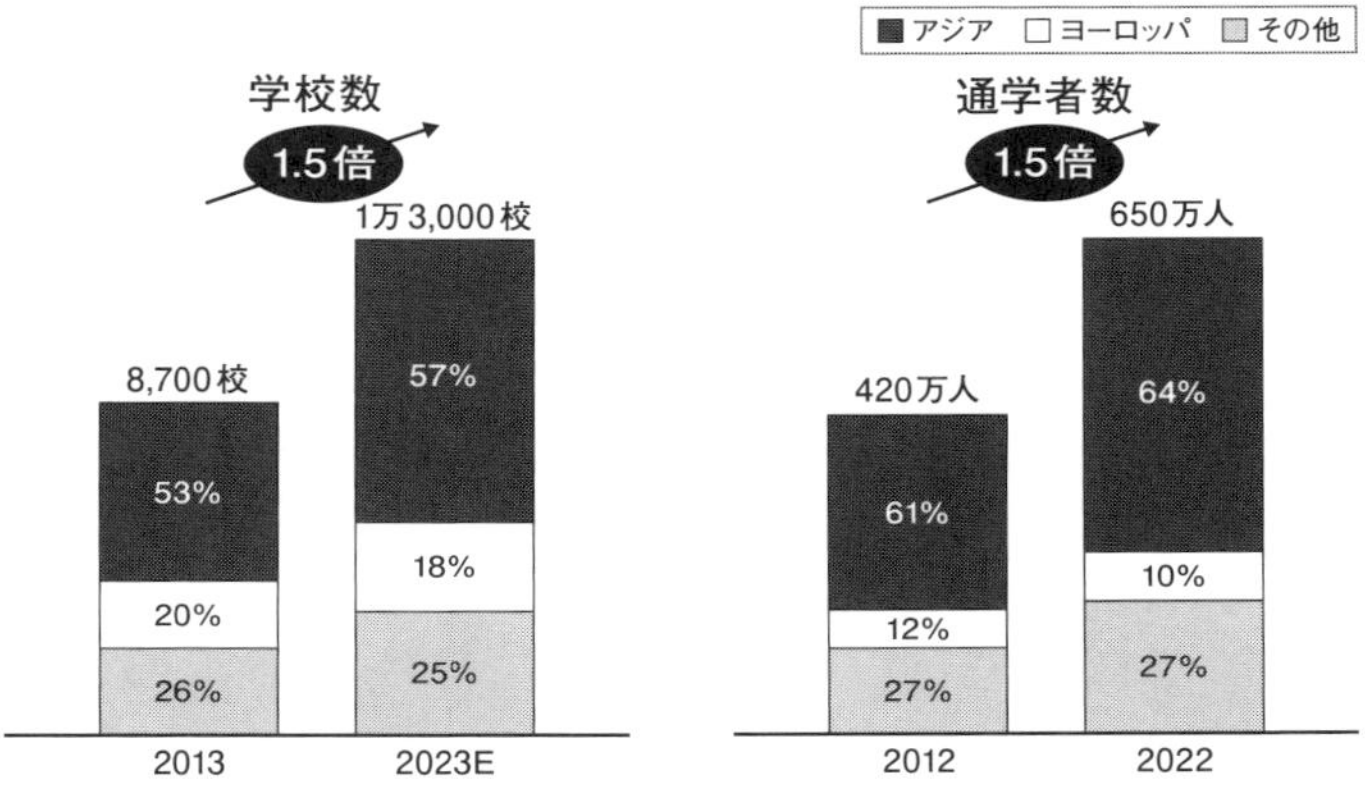

出所：「令和５年度　諸外国におけるインターナショナルスクールの位置づけに関する調査」（文部科学省）

して重要な役割を担うようになりました。

また、高度外国人材が赴任先を選ぶ際に、子どもたちの教育環境を重要視することが増え、特にアジア諸国では各国政府が良質なインターナショナルスクールの誘致を推進しています。これに伴い、インターナショナルスクールの誘致競争が激化し、教育の質や施設の充実が進んでいます。

さらに、近年では外国人労働者の多様化に伴い、従来の欧米系家庭だけでなく、アジア、中東、アフリカなど、さまざまな宗教や文化的背景を持つ家庭のニーズに応える新たなインターナショナルスクールも増えており、グローバル社会における教育の進化が注目されています。

インターナショナルスクールの定義と特長

「インターナショナルスクール」と一口に言っても、対象となる生徒層や導入されているカリキュラム、運営主体などに多くの違いがあります。そのため、「インターナショナルスクール」という用語が指す学校群の範囲を明確にすることが重要です。

本項では、本書で対象とするインターナショナルスクールを明確化するため、その定義と特長について詳述します。

一般的に「インターナショナルスクール」とは、「国籍や文化の壁を超え、国際的な教育を提供することを目的とした学校」と定義されます。具体的には、異なる国籍や文化的背景を持つ生徒が集まり、英語または複数の言語で授業が行われる教育機関を指します。

これらのスクールは、単一の国の教育システムに依存せず、国際的に認知されたカリキュラムを導入している点が大きな特長です。たとえば、国際バカロレア（ＩＢ）やケンブリッジ国際カリキュラムなど、世界中で通用する教育プログラムを提供しており、生徒が異なる国の教育機関に移行する際にも学習の連続性を確保できるよう設計されています。

さらに、インターナショナルスクールの教員陣は多国籍で構成されており、多様な文化的

図2　インターナショナルスクールの定義

英語を主言語の一つとする、所在国のナショナルカリキュラムへの準拠が必須でない、
主に外国人向けの教育施設を「インターナショナルスクール」と定義。

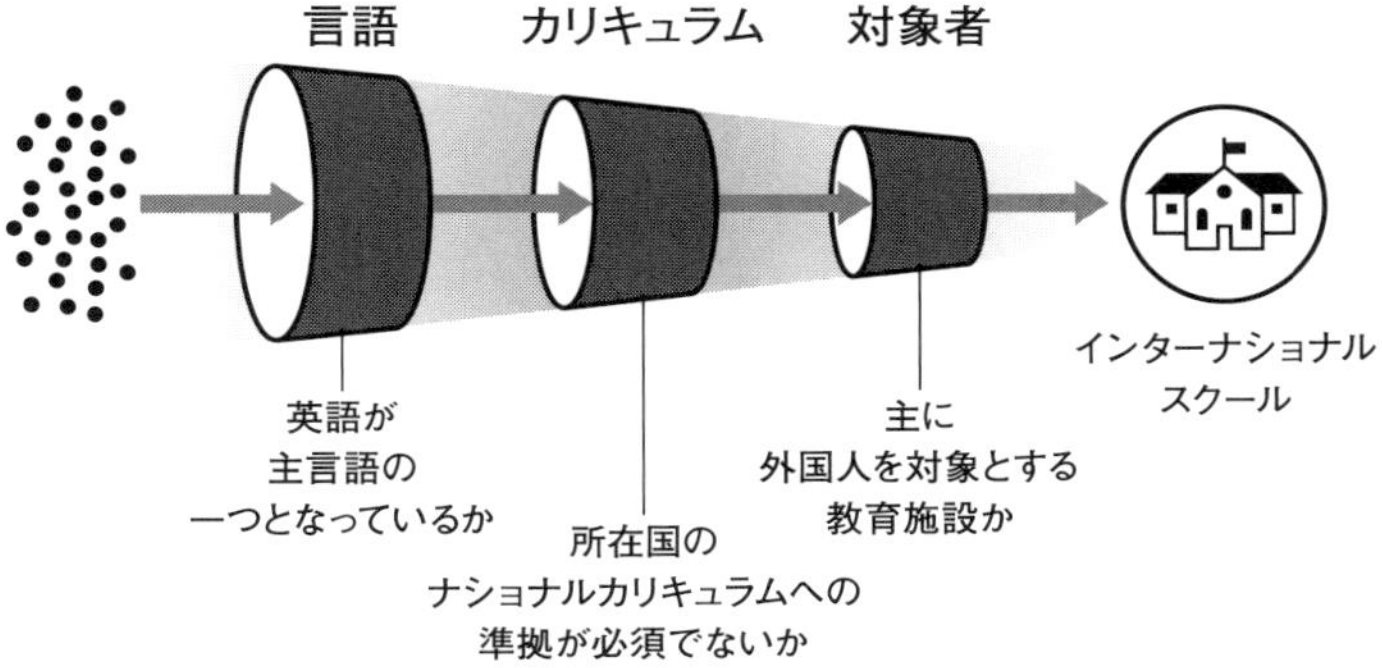

出所：「令和５年度　諸外国におけるインターナショナルスクールの位置づけに関する調査 」（文部科学省）

視点を持つ教育が行われます。これにより、生徒たちは早期から異文化理解や国際的な視野を育むことができ、グローバルな社会で活躍できるスキルを身につけることができます。また、多文化環境での学びが生徒たちの協調性や共感力を育て、異なる価値観を尊重しながら成長する場となっています。

本書では、インターナショナルスクールを「英語を主要な指導言語の一つとして使用し、所在国のナショナルカリキュラムへの準拠が必須ではなく、主に外国籍の生徒を対象とした教育施設」と定義します（図２）。

ただし、この定義には例外も存在します。たとえば、近年、日本国内では多くの日本人家庭が国際的な教育を求めて子息をインターナショナルスクールに通わせるケースが増え

ており、その様相は多様化しています。インターナショナルスクールのあり方が多様化した背景には、まず国際的な教育ニーズの急速な高まりがあります。特に21世紀に入り、グローバル化が進展する中で、社会や経済のボーダレス化が進み、異なる国や文化と関わりながら生活する能力がますます重要視されるようになりました。これにより、従来は主に外国人家庭の子どもを対象としていたインターナショナルスクールが、国籍や文化に関係なく、より広範な層に対応できる教育機関として進化する必要に迫られました。特に、世界基準のカリキュラムを提供し、異文化理解や国際的な視野を育むプログラムが重視されるようになり、教育内容やカリキュラムの多様化が進みました。

その結果、インターナショナルスクールは単に「外国人向けの学校」という枠を超え、日本国内の生徒やその保護者からも高い評価を受けるようになりました。日本の教育システムとは異なる柔軟な学びの環境や、国際的に通用する教育内容が評価され、国内の生徒にも選ばれるようになったのです。このような変化を背景に、インターナショナルスクールの存在価値はさらに強化され、その運営形態や提供される教育プログラムが一層多様化していきました。

さらに、インターナショナルスクールは教育機関としての役割にとどまらず、社会的・文化的な橋渡し役としての重要性も増しています。異なる国籍や文化的背景を持つ生徒たちがともに学び、交流することで、グローバル人材の育成に不可欠な存在となっているのです。こうした環境は、異文化間のコミュニケーション能力や、国際社会で活躍するためのリーダーシップスキルを育む場としても機能しています。

このような背景を踏まえると、インターナショナルスクールの経営には、ただ高度な教育プログラムを提供するだけでなく、国際的な教育トレンドや多様な文化に対する柔軟性を持つことが求められます。また、持続的な競争力を維持するためには、社会の変化に対応しながら、時代に即した新しい教育アプローチを積極的に取り入れる敏感さも重要です。

良い教育を得るための3つの必要条件

良い教育を実現するためには、「良い教員」「良いカリキュラム」「良いクラスメイト」という3つの要素が不可欠です。この3つの条件が揃うことで、持続可能な質の高い学びが再現されます。私の経験上、これらのどれか一つが欠けるだけでも、教育の質を保つことは困難です。

しかし、これら3つの条件を維持し続けることは決して容易ではありません。特に、学習カリキュラムに合った教員を揃えるには、教員一人ひとりの指導スタイルや考え方が異なるため、大きな挑戦を伴います。場合によっては、新しい教員の採用や既存の教員に対する徹底的なトレーニングが必要です。

また、学びを深めるためには、生徒同士のディスカッションやグループワークも重要な役割を果たします。教員からの指導だけではなく、クラスメイト同士の相互作用が生徒の理解やアウトプットを促進します。したがって、「良い教員」「良いカリキュラム」「良いクラスメイト」の3つは相互に関連し、バランスよく整えることが、持続可能な学びの環境をつくり出すために必要です。

どのような生徒集団にするのか

多くの場合、学びはクラスメイトとの意見交換や共同作業を通じて深化します。自分が得た知識を他者と共有し、異なる視点を取り入れることで、より深い理解に至ることができるのです。特に異なる文化的背景を持つクラスメイトとの対話は、異文化理解を深め、柔軟な思考を育む重要な機会となります。

そのため、どのようなクラスメイトとともに学ぶか、すなわちどのような生徒集団を形成するかは、教育の設計上、非常に重要です。異なるバックグラウンドを持つ仲間とともに学ぶことで、単なる知識の習得にとどまらず、異文化間の接触を通じた理解が深まり、他国や他者に対する敵対心を和らげることができます。こうした学びの環境が、将来の多様な社会での活躍を支える基盤となるのです。

ここでは、日本の教育課題を踏まえつつ、理想的な生徒集団の形成がどのように教育成果を高め、異文化理解を促進するかを考察します。

①「地球人」としての意識

思想や人格は、何気ない友人同士の会話によって形成されることが多いため、どのような生徒集団を形成するかは教育の質に直結します。たとえば、クラスに中国人と台湾人、ロシア人とウクライナ人がともに学んでいれば、彼らがそれぞれの国・地域に対して根深い敵対心を抱くことは考えにくいでしょう。このような異文化間の接触は、将来の紛争回避にも寄与する可能性が高く、真の国際人を育てる上で極めて有効です。

「地球人」や「グローバル・シティズン」としての意識を育てるには、幼少期から多様な文化や人種に触れ、自分が特定の国に所属するのではなく、「地球全体の一員である」という認識を持つことが重要です。さらに、教員はグローバルに通用する言語（主に英語）で教育を行い、生徒もその言語で学ぶ環境が求められます。日本人だけで構成されたクラスや、日本語のみで教育が進められる環境では、国際教育としての本質を欠いてしまうでしょう。

今後、自然言語に加えてプログラミング言語や生成ＡＩに関するスキルが重要となり、生徒集団の設計がさらに柔軟になっていく可能性も考えられます。

プログラミングや生成ＡＩは国籍や文化に依存しない「共通言語」として機能するため、異なるバックグラウンドを持つ生徒たちが学びを通じて共通の課題に取り組むことが可能になります。このような多様なスキルを持つ生徒同士の交流が深まることにより、互いの異なる視点を学びながら新しい発見や協働が促進され、真の国際的な協働意識が育まれるのです。

たとえば、異文化や異なる視点を持つ生徒が協力してプログラミングのプロジェクトに取り組むことで、文化的な違いを超えてともに学び合う機会が増え、より強固な国際的な協働意識が醸成されます。国際教育を実現するためには、こうした多様な視点とスキルの習得がますます必要であり、生徒集団の設計においても柔軟性と多様性を兼ね備えた構成が求められるでしょう。

②異なるバックグラウンドをベースとした意見交換

日本のインターナショナルスクールでは、しばしば「○○カ国の国籍を持つ生徒が在籍している」と強調されますが、それだけでは真の多様性を反映しているとは言えません。日本に滞在する大使館や外資系企業の駐在員ファミリーの子どもたちが中心であり、世界中から多様な背景を持つ生徒を積極的に募集しているわけではないからです。実際には、住んでいる場所がたまたま異なる国の人々で構成された多国籍集団に過ぎず、そのことだけを重要なＫＰＩ（重要業績評価指数）として掲げるのには限界があります。

私が留学したロンドン・スクール・オブ・エコノミクス（ＬＳＥ）では、20人ほどのクラスの中で、イギリス国籍の学生はわずか２人でした。クラスメイトは、国ごとに抱える問題や価値観が大きく異なり、ディスカッションではまったく異なる視点から議論が展開されました。たとえば、ブラジル出身の学生がインフレや失業対策を強調する一方で、日本の私にとってはそれがそこまで重要な問題とは感じられず、議論がすれ違うこともしばしばでした。このように、異なるバックグラウンドを持つ学生同士が意見を交わし、理解を深めながら解決策を見つけていくプロセスこそが、国際的な課題解決に必要なスキルです。このプロセスを学ばずして、真の国際人になることは難しいでしょう。

一方、アメリカのビジネススクールでは、クラスの７割から８割がアメリカ人という編成が一般的です。これでは「国際的な環境」と言いつつ、アメリカ国内の話題が中心となり、国際性を感じる場面は少ないのが現実です。アメリカの州ごとの多様性は確かにありますが、インターナショナルというよりは、むしろ「インターステート」と呼ぶのが正確かもしれません。

③中立的な視点で物事を見る力

将来、国際社会で活躍するためには、民族や人種、国籍、言語、ジェンダー、性、宗教といった多様性を構成するさまざまな視点から物事を見る力を養う必要があります。そうでなければ、大人になったときに誤解や偏見からトラブルに巻き込まれる可能性があります。このような多様性の視点を学び、実践できる教育を提供する学校が、日本でも増えていくことが求められます。

しかし、現実にはそのような学校は少なく、特に日本に存在するインターナショナルスクールの多くは、特定の国や宗教に偏った教育を提供しているのが現状です。アメリカンスクールやブリティッシュスクールは、それぞれの国のナショナルカリキュラムに基づいており、国際的な中立性を欠いています。また、男女共学ではなく、男子校や女子校である場合や、12年間の一貫教育を提供していない学校も少なくありません。

この点で、弊社Ａｏｂａ‐ＢＢＴが運営するアオバジャパン・インターナショナルスクールは、幼稚園から高校までの一貫教育を提供し、宗教や国籍に偏りがなく、国際バカロレア（ＩＢ）の認定を受けた数少ない学校です。この多様な背景を持つ教育環境こそが、多くの支持を得ている理由の一つだと考えています。

教育拡充におけるスキル・カルチャーフィットの重要性

本項では、インターナショナルスクール全般における教員採用と育成について説明しますが、教員採用や育成の運用は学校ごとにさまざまであるため、ここでは特にアオバジャパン・インターナショナルスクールの採用およびトレーニングプロセスに焦点を当てています。インターナショナルスクールでは、文化的な多様性や独自の教育方針に適応できる教員を採用することが重要です。教員が学校の教育理念を理解し、それに共感し適応することが、生徒に提供される教育の質を大きく左右します。

①採用プロセスとカルチャーフィットの重要性

アオバジャパン・インターナショナルスクールでは、世界中から教員をリクルートしており、ヨーロッパ、北米、中東など地域ごとの採用プラットフォームを活用しつつ、オンライン上に登録された履歴書を基に採用を進めています。しかし、教員の実績だけでなく、学校文化に合致するかどうかも採用の重要なポイントです。

採用基準は、主に以下の2点に基づいています。

・教員としての実績

担当した学校や教科、その経験が生んだ成果を重視し、インターナショナルスクール特有の多様な生徒に対応できる柔軟性と、カリキュラムを効果的に教えるスキルが求められます。

・カルチャーフィット

教員としての能力が高くても、学校の価値観や教育方針に共鳴しない場合、長期的な成功は困難です。アオバジャパン・インターナショナルスクールでは、伝統と先進的な教育を融合させた独自の校風があり、これに適応できるかが特に重要です。教員には、伝統を守りつつ新しい方法を模索するバランス感覚が求められます。

②採用後のトレーニングとリーダーシップ

採用された後も、教員が学校の教育方針に完全に適応するためには、継続的なトレーニングが必要です。すべての教員が最初から学校に完全にフィットするわけではなく、トレーニングを通じてスキルを向上させていく意欲が鍵となります。自己成長を望む教員たちは、この過程を通して学校のビジョンを体現する存在となります。

さらに、リーダーシップチームは、教員を指導し、学校のビジョンを実現する上で重要な役割を果たします。リーダーシップは単に実績だけでなく、学校の理念を理解し、それを教員たちに浸透させる能力が求められます。適切なリーダーシップがあることで、学校は時代とともに進化し続けることが可能になります。

③教員の素養の見極めとコミュニティへのフィット

採用プロセスでは、まずオンライン面接を行い、その後日本に来てもらって、1週間程度を現場ですごすことで、最終的な適性を確認します。現地での教員とのコミュニケーションや対話を通じて、カルチャーフィットを見極めることで、学校全体の調和を保つことができます。

④教員のサイクルと継続的なリクルーティングの必要性

インターナショナルスクールでは、教員が数年ごとに異なる学校へ異動することが一般的です。アオバジャパン・インターナショナルスクールでも、3～4年で教員の入れ替えが行われ、10年以上在籍する教員は少数です。そのため、学校側は継続的なリクルーティングを行い、新しい教育人材を確保し続けることが不可欠です。これは学校の持続的な発展のために重要なプロセスです。

第2章

国内外におけるインターナショナルスクールの立ち位置

1　インターナショナルスクールの現在地

世界におけるインターナショナルスクール市場

世界のインターナショナルスクール市場は、グローバル化の進展や国際的な労働力の増加、そして質の高い教育への需要の高まりによって急速に成長しています。特にアジア、中東、アフリカなどの新興経済国では、経済成長とともに国際ビジネスの機会が増え、外国人駐在員だけでなく地元の富裕層も国際的な教育に高い関心を寄せています。

ＩＳＣリサーチ（ISC Research）は、インターナショナルスクール市場の動向を専門に調査する機関です。同社の２０２２年の報告によれば、世界には約1万３１９０校の英語を主な指導言語とするインターナショナルスクールが存在し、約５５０万人の生徒が在籍しています。このデータは、世界中のインターナショナルスクールの数や生徒数を詳細に調査した結果です。これらの学校は年間で約530億ドル（約7兆8705億円）の収益を生み出し、市場は新型コロナウイルス感染症収束後も拡大を続けています。

また、アドロイト・マーケット・リサーチ（Adroit Market Research）は、さまざまな業界の市場調査と分析を行うリサーチ会社です。同社の報告によれば、世界のK‐12（幼稚園から高校までの教育段階）のインターナショナルスクール市場は、2022年から2028年にかけて年平均成長率（CAGR）19％で成長し、市場規模が3619・8億ドル（約53兆7540億円）に達すると予測されています。これは、世界中でインターナショナルスクールへの需要が高まっていることを示しています。

この成長の背景には、英語教育への強いニーズや、より手頃な学費で提供されるインターナショナルスクールの増加、多国籍の生徒とともに学ぶ機会を提供する学校への需要の高まりがあります。特にアジア太平洋地域では、経済成長にともなってインターナショナルスクールの設立が急速に進んでおり、現地の富裕層やエリート層を中心に、子どもに国際的な視野を持たせたいと考える家庭が増えています。

さらに、教育技術の進化も市場拡大に大きく寄与しています。多くの学校がオンライン学習プラットフォームやデジタル教材を導入し、2020年以降のコロナ禍を契機に、オンラインやハイブリッド形式の授業が一般化しました。これにより、地理的な制約を超えて幅広い生徒に教育を提供できるようになり、特に遠隔地に住む生徒や留学を希望する家庭にとって大きな利便性が生まれています。

しかし、市場の急成長には課題も存在します。特に高額な学費が多くの家庭にとって障壁となっており、インターナショナルスクールに通えるのは限られた層にとどまることが多いです。また、異文化間の統合や教育の質を保つための優秀な教員の確保など、学校運営における課題も依然として残っています。

総じて、世界のインターナショナルスクール市場は今後も成長が期待される分野であり、需要の増加と教育技術の進歩がその成長を支えています。しかし、より多くの生徒が質の高い国際教育を受けられるようにするためには、学費の負担軽減や教育の質の維持、多様性と包括性の促進が不可欠です。

国内におけるインターナショナルスクールの歴史と発展

①キリスト教系から始まったインターナショナルスクールの歴史

日本におけるインターナショナルスクールの歴史は、１８７２年に横浜で設立されたサン・モール修道会学校（現・サンモール・インターナショナル・スクール）から始まりました。この学校は、布教活動の一環としてキリスト教の教えを広めるだけでなく、国際教育を提供することを目的としていました。当時、修道士たちは外国人子弟や多様な背景を持つ子どもたちに教育の機会を提供し、日本に住む異文化の子どもたちが母国の言語や文化とともに幅広い教育を受ける場をつくり上げたのです。

その後も、キリスト教系のインターナショナルスクールは日本国内で次々と設立されていきました。たとえば、１９０１年にはカトリック系のマリア会によって設立されたセント・ジョセフ・インターナショナル・カレッジが、そして１９１３年には神戸にカナディアン・メソジストアカデミーが開校しました。これらの学校は、当時の日本に住む外国人子弟に向けて、キリスト教的価値観に基づいた教育を提供するとともに、国際的な視野を持った人材を育てる場として発展していきました。

１９５０年代まで続々と新しい学校が誕生しました。これらの学校は、日本における初期の国際教育の礎を築き、国際的な視点を持つ教育を提供する先駆者的な存在でした。

②グローバル化による英語教育ブームと裾野の広がり

1950年代に入ると、日本経済の復興とグローバル化の進展に伴い、民間主導によるインターナショナルスクールの設立が活発化しました。その代表例として挙げられるのが、松方アカデミーです。同校は、設立者である松方種子氏が英語を教えるための小規模な塾としてスタートしましたが、中華系の転入生が増加することで規模を拡大し、1960年には生徒数が200名を超えました。その後、施設の増設とともに、現在の西町インターナショナルスクールへと発展していきました。

この時期、日本社会においても英語力の向上や国際的な視野の必要性が高まっていきました。海外旅行や留学が一般化する中で、英語教育に対する関心は高まり、インターナショナルスクールへの需要が急増しました。特に、1990年代後半にはグローバル経済の発展とともに、国際教育を受けることが将来のキャリアにおいて重要視されるようになり、インターナショナルスクールの生徒数は大幅に増加しました。

また、この流れに伴って、プリスクール（幼児教育）やインターナショナルスクールへの入学準備をサポートする塾が人気を集めるようになりました。これにより、国際教育は早期からの準備が必要なものとして認識され始め、インターナショナルスクールに対する社会的な関心が一層高まっていったのです。

③インターナショナルスクールと一条校の連携による新たな教育モデルの誕生

インターナショナルスクールの需要が増加する中で、教育の供給面でも大きな変化が生じています。最近では、従来のインターナショナルスクールが学校教育法上の「一条校」として認可を受け、正式な日本の教育機関としても認められるケースが増えています。また、一条校として設立された日本の学校が、国際教育を提供するカリキュラムを取り入れる動きも活発化しており、これによって日本の教育システムに多様性がもたらされています。

「一条校」とは、日本の学校教育法第1条に基づいて設立された公的な教育機関であり、国からの補助金を受けることができるほか、卒業生は日本の大学受験資格を自動的に得ることができます。一方、インターナショナルスクールの多くは「各種学校」や「無認可校」に分類されるため、政府の補助金はなく、学歴も公的に認められない場合が多いです。そのため、学費が高くなる傾向があり、経済的な負担が大きいという課題があります。

こうした背景の中で、インターナショナルスクールと一条校が連携してキャンパスを共有したり、双方のカリキュラムを統合する新しい教育モデルが誕生したりしています。このモデルは、日本の教育システムの多様化を進め、国際教育の重要性を高めています。

具体的な連携例として、以下の学校間の協力が挙げられます。

・文京学院大学女子中学校・高等学校×アオバジャパン・インターナショナルスクール
・昭和女子大学附属昭和中学校・高等学校×ブリティッシュ・スクール・イン・トウキョウ昭和
・関西学院大阪インターナショナルスクール（※関西学院が学校法人千里国際学園を買収し、名称変更）
・芝国際中学高等学校×ローラス インターナショナルスクール オブ サイエンス

インターナショナルスクールと一条校が提携し、教育リソースや施設を共有することは、日本の教育に新たな可能性をもたらします。この新しい教育システムは、生徒に多様な学びの機会を提供し、日本国内における国際教育の選択肢を拡充します。また、文化的背景が異なる生徒同士がともに学び、グローバルな視点を育む場を提供することで、国際社会で活躍できる人材の育成にも貢献します。日本の教育システムの柔軟性が向上することで、今後さらに多くの学生が多様な学びに触れる機会が増えていくことが期待されます。

④拡大する国内インターナショナルスクール市場

日本国内のインターナショナルスクール市場も、国際教育を求める家庭の増加に伴い、成長を続けています。特に東京を中心に、国際的な教育を提供する学校が数多く存在し、それぞれが独自の教育カリキュラムと学費体系を持っています。年間の学費は学校によって異なり、１３５万円から５４０万円まで幅広い選択肢が提供されています。主要なカリキュラムとしては、イギリス式のケンブリッジ国際カリキュラム、スイス発祥の国際バカロレア（ＩＢ）、アメリカ式のカリキュラムなどがあり、生徒に多様な学びの機会を提供しています。

日本のインターナショナルスクール市場は地域によって需要が異なります。東京は、インターナショナルスクールが集中しており、特に西洋式の教育が提供される学校が多くあります。たとえば、サンモール・インターナショナル・スクールやアメリカンスクールインジャパン、横浜インターナショナルスクールでは、国際バカロレア（ＩＢ）を含む多様な教育プログラムを通じて、多国籍の生徒に対して国際的な視野を育む教育が行われています。関西地区では、カナディアン・メソジスト・アカデミーや聖ミカエル国際学校、マリスト国際学校といったインターナショナルスクールが質の高い教育を提供しています。

また、近年ではイギリスの名門校が日本国内にキャンパスを開設したハロウインターナショナルスクール安比ジャパンやラグビースクールジャパン、マルバーン・カレッジ東京などが、国内外の家庭に対して国際的な教育を提供する機会を拡大しています。

日本のインターナショナルスクール市場の成長は、外国人駐在員だけでなく、国際的な教育を希望する日本人家庭にも支持されています。また、日本の地政学的な安定性や生活水準の高さが、外国人駐在員にとって魅力的な要因となり、日本国内でのインターナショナルスクール市場の成長を後押ししています。

こうした要因により、日本のインターナショナルスクール市場は今後も拡大が予想されます。多様なカリキュラムの提供とともに、日本人および外国人の両方に対して質の高い国際教育を提供する学校が増え、国内の国際教育の機会はさらに広がっていくでしょう。

2　国内インターナショナルスクールの定義と区分け

日本の法制との兼ね合い

前述したように、日本のインターナショナルスクールの多くは、文部科学省の学習指導要領に準拠しておらず、いわゆる「一条校」には該当しません。そのため、法的には「各種学校」や「無認可校」という扱いになり、日本国籍の子どもを通わせる親は就学義務違反に問われる可能性があります。また、インターナショナルスクールから一条校への編入や、日本の高校や大学への進学に際しては、学力認定試験が必要な場合もあります。

しかし、近年では自治体や学校がインターナショナルスクール出身者に対して柔軟な対応を進めており、一条校とインターナショナルスクールの同時在籍を認める例も増えています。また、国際バカロレア（IB）のディプロマ資格を持っていれば、日本の大学への入学資格が得られるようになるなど、国際教育を受けた生徒が日本での進学や就職にも対応できる仕組みが整えられつつあります。

類似している教育機関との比較

インターナショナルスクールは、その特性から類似する教育機関と比較されることが多いです。ここでは、いくつかの代表的な比較対象との違いを説明します。

①民族学校との違い

インターナショナルスクールと民族学校の大きな違いは、対象とする生徒層にあります。民族学校（例　中華学校、朝鮮学校）は、特定の国籍や民族に属する生徒を対象に、母国の言語や文化を教えることが目的です。一方、インターナショナルスクールは多国籍の生徒を受け入れ、多文化教育を通じて国際的な視野を育てることを重視します。生徒や教員の多国籍性、多様な文化背景を持つ環境が、異文化理解や多文化共生を促進し、グローバルな人材育成を目指しています。

②英語教育に力を入れる私立学校との違い

インターナショナルスクールと、学校法人順心広尾学園や学校法人渋谷教育学園などの英語教育に力を入れる私立学校とは、いくつかの点で異なります。インターナショナルスクールは主に英語で授業が行われ、国際的な教育カリキュラム（例　国際バカロレア、ケンブリッジ国際）を提供し、世界中の教育機関間で学びの相互移転が可能です。一方、私立学校は日本の教育システムに準拠し、国内進学に焦点を当てながら、英語教育を強化しています。インターナショナルスクールは生徒の国際的な移動に柔軟に対応し、国際的な認定資格を提供するのに対し、私立学校は日本の大学進学に適したカリキュラムを提供している点が異なります。

インターナショナルスクールのガバナンスタイプとその多様性

インターナショナルスクールの運営組織には、さまざまなガバナンスタイプがあり、それにより教育方針や運営スタイルが大きく異なります。主なガバナンスタイプには、営利企業、財団、外国政府、学校法人、そして宗教団体によるものなどがあります。これらは学校の教育理念や生徒層に大きな影響を与える要素です。以下、各ガバナンスタイプの特徴を詳述します。

①営利企業による運営

営利企業が運営するインターナショナルスクールは、ビジネスの視点から効率的な運営が行われ、最新の教育手法やテクノロジーを積極的に採用する傾向があります。これらの学校は、財政面での持続可能性を重視し、教育プログラムやカリキュラムを柔軟に調整できる点が特徴です。また、保護者や生徒のニーズに迅速に応え、質の高い教育を提供するための資金投資も容易に行えるため、教育インフラが整っていることが多いです。

たとえば、一般的な営利企業が運営するインターナショナルスクールでは、ＩＣＴ（情報通信技術）を活用したオンライン授業やデジタル教材の導入が早期に進められ、先端技術を活用した学習環境が整えられています。さらに、グローバルビジネスの視点から経営がなされるため、企業連携によるインターンシップやキャリア形成のサポートも充実しています。多くの営利企業運営のスクールは、ビジネス界との関係性を活かし、卒業後の進路に直結する実践的な学びを提供することに力を入れています。

一例として、アオバジャパン・インターナショナルスクールは、株式会社Ａｏｂａ‐ＢＢＴのグループ企業である株式会社アオバインターナショナルエデュケーショナルシステムズが運営しており、親会社のＡｏｂａ‐ＢＢＴは、日本初のオンライン大学であるビジネス・ブレークスルー大学や大学院（ＭＢＡ）を設立した実績を持つ企業です。

Ａｏｂａ‐ＢＢＴはまた、起業家養成スクールや企業研修、リカレント教育を通じて、ビジネスにおける実践的な知識の育成にも注力しています。

こうした企業の革新力を活かし、アオバジャパン・インターナショナルスクールでは、教育とビジネスの融合を通じて現代社会のニーズに即した革新的な教育を提供しています。

②財団による運営

財団が運営するインターナショナルスクールは、非営利の形態をとり、特定の理念や価値観に基づいた教育を提供することが多いです。たとえば、ユナイテッド・ワールド・カレッジ（ＵＷＣ）は財団に支援された学校で、国際理解と平和を目指す教育を行っています。日本においては、UWC ISAK Japan（長野県軽井沢）がその一例です。同校は世界中から多様な背景を持つ生徒を受け入れており、リーダーシップ育成や社会貢献を重視したカリキュラムを提供しています。奨学金や学費補助が充実しているため、経済的な事情にかかわらず才能ある生徒が集まることが特徴です。このような学校では、多様性を尊重しながら国際的な視野を育む教育が行われています。

③外国政府による運営

外国政府が運営するインターナショナルスクールは、特定の国や政府によって運営されることが多く、外交官や駐在員の子どもたちを対象に教育が行われます。たとえば、フランス政府が支援するリセ・フランセなどは、フランスのカリキュラムに基づいて運営されており、フランス語で教育を行いながら現地の文化や言語にも触れることができます。こうした学校では、特定の国の文化や教育制度を重視しつつ、国際的な環境を提供することが目的となっています。

④学校法人による運営

学校法人が運営するインターナショナルスクールは、地域社会との強い連携を持ちながら、安定した運営基盤と質の高い教育を提供する点が特長です。

国内外の大学進学に対応したカリキュラムを採用し、日本文化と国際的視点のバランスを重視しています。これにより、生徒は地域に根ざした学びとグローバルな視野を同時に養うことが可能です。関西学院大阪インターナショナルスクールや聖心インターナショナルスクール、清泉インターナショナルスクールなど、学校法人の運営するインターナショナルスクールはこの強みを活かしています。

⑤宗教団体による運営

宗教団体が運営するインターナショナルスクールは、教育方針に宗教的価値観や倫理観が根づいていることが特長です。

たとえば、キリスト教系の学校では、信仰に基づいた人格形成や価値観の教育が重視されており、礼拝やボランティア活動がカリキュラムに組み込まれています。

このような環境で学ぶ生徒は、宗教的な背景を理解し、国際的な視野と倫理観を養うことができます。サンモール・インターナショナル・スクールや聖ミカエル国際学校、クリスチャン・アカデミー・イン・ジャパンなどがこの代表例です。

⑥その他のガバナンスタイプ

これらに加えて、特殊なケースとしては、国際機関や大企業の支援を受けた学校もあります。たとえば、国連や国際NGO（非政府組織）が関与するスクールでは、国際問題や人権、持続可能な開発目標（SDGs）に関連した教育が強化されることがあります。

インターナショナルスクールで提供されるカリキュラム

国内のインターナショナルスクールでは、複数の国際的な教育カリキュラムが採用されています。代表的なカリキュラムとして、国際バカロレア（IB）、ケンブリッジ国際カリキュラムなどがあります。

①国際バカロレア（IB）

国際バカロレア機構（International Baccalaureate Organization、本部：スイス・ジュネーブ）は１９６８年に設立されました。国際バカロレア（ＩＢ）は、生徒が世界の複雑な課題に対応できる能力を養うことを目的としており、責任ある行動を取るための態度とスキルを育成する包括的な教育プログラムです。

国際バカロレア（ＩＢ）は、年齢ごとに以下の４つのプログラムに分かれています（図３）。最初に高校レベルのＤＰ（ディプロマ・プログラム）が設立され、その後、ＰＹＰ（プライマリー・イヤーズ・プログラム）、ＭＹＰ（ミドル・イヤーズ・プログラム）、ＩＢＣＰ（キャリア関連プログラム）が開発されました。最近ではオンラインで提供されるＤＰ（ディプロマ・プログラム）も登場しており、時代のニーズに応じたカリキュラムが導入されています。

国際バカロレア（ＩＢ）の特徴は、生徒が多岐にわたる科目から自分の興味に合ったものを選び、自らの探究心を育てながら深く学ぶことです。６つの科目グループ（母国語、第二言語、社会、科学、数学、芸術）からそれぞれ１つを選択し、幅広い視野と実践力を養います。また、「探究者」「思考者」など10の学習者像を掲げ、グループワークやエッセイを通じて実践的なスキルを身につけることが求められます。

図3　国際バカロレア（IB）の4つのプログラム

プログラム名	対象年齢	詳　細
PYP (Primary Years Programme)	3-12	PYPは3歳児から12歳児を対象にしたプログラムです。言語・社会・算数・芸術・理科・体育の6教科を学び、精神的、身体的、感情的な発達を促します。 日本のカリキュラムと大きく異なるのは「私たちは何者なのか」「私たちはどのような場所・時代にいるのか」「どうやって自己表現するのか」「世界はどう動いているのか」「私たちはどう組織しているのか」「地球の共有」という、Units of Inquiry（UOI、探究の単元）と呼ばれる6つの科目横断テーマが並行して存在することです。 これらは各科目の内容を習得するだけでなく、それらを学際的に応用・統合して社会に出てから必要とされる、自分で考える力やアウトプット力をつけることを目的としています。
MYP (Middle Years Programme)	11-16	MYPは11歳から16歳までが対象のプログラムです。概念的な学習を通して社会を結びつけます。一般的なトピックや教科は、数学、科学、英語、そして芸術や体育などです。また、MYPもどの言語でも提供が可能です。 このプログラムの特徴は、コンセプト思考を深く掘り下げていることです。初年度は、展覧会というもので終わります。これは1年間のプログラムで、前半は準備期間です。そして後半は、子どもたちが学んだことを総合して、親御さんや地域の人たちに向けて大きなイベントをつくり、そこで学んだことを共有します。 MYPに進むと、コミュニティプロジェクトかパーソナルプロジェクトのどちらかでプログラムが終了します。これらのプロジェクトは、通常、子どもたちが自分の時間を使って行うものです。このプロジェクトは、その名のとおり、生徒自身が行うもので、DPで学習する学術的文章を書くためのアカデミックライティングに備えるために行われます。
DP (Diploma Programme)	16-19	DPは16歳から19歳を対象にしたプログラムです。大学1年生の授業によく似ており、一つの科目の中に専門科目がたくさんあります。 たとえば、理系に興味があれば、科学の分類にある物理、生物、化学の3科目すべてを履修することができます。さらに、これらの科目はSL（標準レベル）とHL（ハイレベル）の2種類に分けられます。これらのレベルの違いは、概念的な探究の高度さとトピックの広さによって特徴づけられます。 外部試験を受けることでDPは修了となります。いくつ受けるかは、卒業証書をすべて取得したいのか、それとも特定の科目を修了するだけでよいのかによって異なります。 フルディプロマ取得を目指す場合は、CAS（Community Action Service）セクションやセグメントを修了しなければなりません。そして、その中に小論文（エクステンドエッセイ）と呼ばれるものがあります。この3つの要素は、他の教科の勉強に加えて行われるのです。
IBCP (Career-related Programme)	16-19	最も新しいキャリア関連のプログラムです。これは、キャリアと職業に関する教育であり、高校を卒業した後、必ずしも直接大学に進学することを希望していない、より直接的なキャリアパスを探している生徒のニーズに対応しています。このコースは、英語、フランス語、スペイン語で提供されています。

※デュアル・ランゲージ・ディプロマ

日本国内では、国際バカロレア（ＩＢ）のすべての科目を英語で教えることが難しいため、国際バカロレア（ＩＢ）の６科目中４科目まで日本語で教えることを認める「デュアル・ランゲージ・ディプロマ」（ＤＬＤＰ）が導入されています。これは、文部科学省と国際バカロレア（ＩＢ）協会の間で取り交わされた協定によるものです。

オンライン教育の進展により、教員がいる学校では英語と日本語の授業を他校にも提供することが考えられており、今後さらに教育の幅が広がることが期待されています。

②ケンブリッジ国際

ケンブリッジ・アセスメント・インターナショナル・エデュケーション（ケンブリッジ国際）は、イギリスのケンブリッジ大学傘下の教育機関で、国際バカロレア（ＩＢ）と並ぶ国際的な教育プログラムを提供しています。５歳から19歳までを対象とし、ＩＧＣＳＥやＡレベルなどの資格を提供しています。問題解決能力や批判的思考、協力的な学びなどを通じ、グローバル市民としての資質を育成することを目指しています（図４）。

ケンブリッジ国際の特徴は、生徒が将来のキャリアに合った科目を選び、深い専門知識を

図4　ケンブリッジ国際のプログラム

プログラム名	対象年齢	詳　細
Primary (Cambridge Primary)	5-11	英語、数学、理科、ICT、"グローバルな視点"という授業、美術など、さまざまな科目があります。各学校では、任意の科目の組み合わせが可能です。プログラムの最後には、チェックポイントと呼ばれる最終評価テストがあり、長所や短所など、どのように習得したかをフィードバックしています。
Lower Secondary (Cambridge Lower Secondary)	11-14	3年制のプログラム。ケンブリッジ国際カリキュラムの初級内容と連続した形で各教科を学習します。中学部では、チェックポイントテストもあります。英語、数学、理科はケンブリッジ・インターナショナル社が採点し、「Global Perspectives」という研究レポートは学校教員が採点し、ケンブリッジ・インターナショナル社がダブルチェックを行います。
Upper Secondary (Cambridge Upper Secondary) IGCSE	14-16	高等学校の前期課程では、IGCSEの2年間のプログラムを提供します。IGCSEは、中等教育の分野において、世界で最もよく知られたカリキュラムです。世界で最も人気のある国際資格です。学生はこの過程で5～ 8科目を学びます。IGCSEの評価スコアは国際的に認められており、一部のスコアは大学受験の際にも提出されます。
Upper Secondary (Cambridge Advanced) AS & A Level	16-19	高等学校後期には、1年制のASレベル（Advanced Subsidiary）と、2年制のAレベルがあります。AS（通称A1）を1年間、Aレベル（通称A2）を2年目に、または2年間勉強した後にA Levelを取得するという選択肢があります。 Aレベルの科目は、得意科目と大学進学に必要な度合いを考慮して選択されます。 AS／Aレベルの必修科目はなく、ASレベル4科目、Aレベル3科目程度を履修します。試験は、6月と11月の年2回行われます。評価結果は、それぞれ8月と1月に発表されます。一流大学に入学するためには、A*-Aの成績を取得する必要があります。

身につけられる点にあります。特にAレベルでは、大学進学に向けた準備として、高度な学びが求められます。

〈参考〉インターナショナルスクールの選び方

インターナショナルスクールを選定する際には、以下の要素を慎重に検討することが重要です。

①教育理念

各スクールの教育理念を確認することは、そのスクールの特色を理解する第一歩です。たとえば、グローバルリーダーの育成に重点を置くスクールや、探究型学習を推進するスクールなどがあります。お子様の個性や将来像に合わせた理念を持つスクールを選ぶことが、長期的な学習の満足度に直結します。

②スクールの位置づけに関して

・所属する機関（スクール認定）

スクールがＷＡＳＣ（The Western Association of Schools and Colleges）、ＣＩＳ（Council of International Schools）、ＡＣＳＩ（Association of Christian Schools International）、ＮＥＡＳＣ（New England Association of Schools and Colleges）、ＩＢＯ（International Baccalaureate Organization）、ＥＣＩＳ（European Council of International Schools）などの国際的評価団体によって認定されているか否かは、教育の質を示す重要な指標です。これにより、カリキュラムの水準や運営の透明性が保証されるため、信頼性の高いスクールを選ぶ際の重要な判断材料となります。

・ダブルディプロマ

一部のスクールでは、国内外の両方で通用する卒業資格「ダブルディプロマ」を取得することが可能です。これにより、国内外問わず幅広い進学の選択肢が広がり、大学進学や将来のキャリア形成において有利に働くことが多いです。

③授業料

インターナショナルスクールの授業料は、年間学費、教材費、課外活動費などを含めてスクールによって大きく異なります。また、多くのスクールでは分割払いのオプションも提供されているので、予算に応じた支払い計画を立てることが重要です。特に長期的な学費負担を見据えた検討が必要です。

④教員の質と定着度

教員の質は、スクール全体の教育の質に直結します。教員がどのような資格や経験を持っているか、そしてスクールがどのように教員の質を維持・向上させているかを確認することが大切です。また、教員の定着度も重要な要素であり、定着率の高いスクールは安定した教育環境を提供しやすい傾向にあります。教員が長期間在籍するスクールは、教員間の連携がスムーズで、生徒たちに一貫性のある指導を提供できる場合が多いです。

⑤生徒の国籍割合と学内の公用語

インターナショナルスクールに通う生徒の国籍割合は、そのスクールの国際性を測る簡易的な指標の一つと考えられます。多国籍な環境は、異文化理解や国際的な視野を養う上で有益ですが、国籍割合だけではスクール全体の国際性を十分に評価できないことにも留意が必要です。さらに、学内で使われる言語（主に英語）がどの程度徹底されているか、その言語が生徒に対して強制されるかどうかも重要な要素です。また、生徒の定着度を確認することも大切です。定着率の高いスクールは、生徒と家庭の満足度が高く、スクールと家庭との連携がうまく機能している可能性が高いと言えるでしょう。

⑥学びの内容について

・履修科目と補習プログラム

スクールで提供される科目が、お子様の将来に必要なスキルや知識をカバーしているかを確認しましょう。特に、大学進学に必要な科目が提供されていない場合、スクールとしてどのように補完するかが重要です。日本の学校で一般的な家庭科や技術科目など、実技系の科目があるかどうかも確認ポイントです。

・ICT活用度

現代の教育では、ICT（情報通信技術）の活用が学習効果を高める上で欠かせません。オンラインツールやデジタル教材の使用状況、スクール内のICTインフラが整備されているかを確認することで、最先端の教育環境が整っているかどうかを判断することができます。

⑦課外活動の種類やリーグ参加状況

課外活動の充実度は、学習以外での子どもの成長を促進する要素となります。スポーツ、音楽、アートなど、多岐にわたる活動が提供されているかを確認しましょう。また、インターナショナルスクール同士のスポーツリーグや競技大会に参加しているスクールは、生徒がチームワークや競争心を育む機会が豊富です。さらに、長期休暇中のアクティビティやプログラムがあるのかも見逃せないポイントです。

⑧進路指導について

・進学実績とサポート体制

スクールの進学実績は、教育の質を測る大きな指標です。卒業生が評価の高い大学に進学しているか、進学指導がどの程度充実しているかを確認しましょう。また、ギフテッド（才能教育）プログラムや、留年や飛び級への対応があるかどうかも確認しておくと、個々の学習ペースに合わせた対応ができるかがわかります。さらに、スクールが海外大学とのコネクションを持ち、進学サポートが手厚いかどうかも重要です。

・学校間の提携と転学のルート

転校の必要が生じた場合、スムーズに他校へ転学できるか、一貫した教育を提供しているかを確認することも必要です。一部のスクールでは、国内外の他校との提携や連携を通じて、スムーズな転学ルートを確立しています。

⑨生徒指導について（トラブル対応のポリシー）

いじめや生徒間のトラブルが発生した場合に、スクールがどのように対応するかは、子どもの安全と安心を確保するために欠かせない要素です。明確なトラブル対応のポリシーや対策を持っているスクールを選ぶことで、安心してお子様を通わせることができます。

⑩受験（生徒受け入れ方針）について親の国籍にともなう入学方針

インターナショナルスクールによっては、親の国籍や居住状況に基づいて入学方針が異なる場合があります。一部のスクールでは国籍バランスを重視し、特定の国籍の割合が過度に偏らないようにする方針を持つ場合もあります。各スクールの受け入れポリシーを事前に確認することが重要です。

日本は現在、教育制度の大きな変革期を迎えています。グローバル人材の育成に対する考え方が大きく変わりつつあり、国際教育の重要性が一層認識されるようになっています。今後5～10年の間にさらなる教育の変革が予想される中、インターナショナルスクールの果たす役割はますます大きくなっています。

現在、国内には150を超えるインターナショナルスクールが存在し、それぞれが独自の教育理念、授業料、国際認定、進学実績、教員の質、学習環境、そして課外活動の充実度において異なる特色を持っています。お子様の将来を見据え、これらの要素を総合的に判断し、最適なスクールを選ぶことが大切です。

インタビュー①

エプソムカレッジ・マレーシアの取り組み

マーク・ランカスター Mark Lankester

教育投資会社Edu8 CEO、エプソムカレッジ・マレーシア　代表
東南アジアでK-12の教育機会を提供。教育投資会社CEO

エプソムカレッジは1855年にイギリスで創設された全寮制の寄宿学校で、主に医師の子息を対象とするインターナショナルスクールです。2014年にマレーシアに分校を設立しました。同校のマーク・ランカスター氏にポリシーやカリキュラムについてお話をうかがいました。

アジア全域の家族をサポートし、グローバルなカリキュラムを提供

——まずはエプソムカレッジ・マレーシアについてお聞きしたいと思います。特に「ミッション・ステートメント」「ビジョン・ステートメント」「コアバリュー」をどのように設定したのか教えていただけますか。また、これまで実施してきたカリキュラムの概要を教えてください。

ランカスター　私たちのミッションとビジョンは、文字どおり北アジア、南アジア、中央アジア、東南アジアを網羅したアジア全土に暮らす家族が、最高のイギリス寄宿学校（ボーディングスクール）体験を得られるように支援することです。

私たちのカリキュラムは、幼稚園、小学校、中学校、高校がすべて一つになっているプレップスクールとシニアスクールを含むK－12に及びます。共学の寄宿学校として、生徒たちは年52週間のうち36週間を当校で過ごして学習するため、80エーカー（約32万3749㎡、東京ドーム約7個に相当）もの広大なキャンパスがあります。市街地の学校で得られるすべての機会を徒歩5分以内で提供することが非常に重要だと考えています。

当校では、5つの主要な学習段階に分かれたイギリス式カリキュラムを提供しています。

まず、幼児期には「基礎ステージ（Early Years）」として学びの土台を築き、次に小学校の前半と後半にあたる「ステージ1」と「ステージ2」で、基礎的な読み書きや計算力をしっかりと身につけます。その後、中等教育の初期に進む「ステージ3」では、さまざまな教科についてより深く学んでいきます。そして最後の4年間では、生徒の進路に応じて、国際的に認められた「IGCSE（国際中等教育資格）」と「Aレベルコース」に分かれ、それぞれ専門的な学びに取り組みます。

IGCSEやAレベル、国際バカロレア（IB）のカリキュラムは、国際的な教育機関で広く採用されており、生徒に多様な進路の選択肢を提供します。Aレベルは、イギリス式のカリキュラムであり、学問的な深さを重視し、最終的な試験での成績に基づいて評価されます。対照的に、国際バカロレア（IB）は2年間の学習を通じて継続的に評価が行われる点が特徴です。つまり、国際バカロレア（IB）は生徒に一貫して成果を出すことを求め、プロジェクトや内申点なども含めた総合的な評価が行われますが、Aレベルは最終試験の成績に大きく依存して評価が確定します。

両者の共通点として、どちらも学問の深さと広さを重視しており、生徒の知識やスキルを高めることに力を入れています。しかし、評価の方法において、国際バカロレア（IB）は継続的な評価を行い、生徒が持続的に学びを深める機会を提供する一方で、Aレベルは最後の試験に重点を置き、知識を集約的に評価するという点で対照的です。

私たちの学校では、ＩＧＣＳＥやＡレベルのプログラムを提供しながら、生徒が各自の学問的・個人的な興味に応じて選択できる柔軟性を持たせています。また、学校全体のコミュニティづくりや保護者との密な連携を通じて、生徒が学業以外の面でも成長できるような支援体制を整えています。最後の２年間で、生徒は自分の学びを深め、次のステップに向けた知識とスキルを習得することが求められます。

――エプソムカレッジでは教育をどのように設計して提供しているかについても教えてください。

ランカスター　エプソムカレッジ・マレーシアの会長であるトニー・フェルナンデスは、アジア最大のＬＣＣ（格安航空会社）エアアジアのＣＥＯです。彼自身もイギリスのエプソムカレッジで学んでおり、私と彼はそれ以来の親しい友人です。彼はイギリスにあるトップクラスの寄宿学校の多くが定員の75％をイギリス人生徒のために確保しなければならず、留学生に与えられる定員は25％しか残っていないことを知りました。そこでエプソムカレッジ・マレーシアを設立して、アジア全土の家族がイギリス式寄宿学校と同じ経験とカリキュラムを、制限なく、より魅力的な料金体系で受けられることにしたのです。

――ということは、エプソムカレッジ・マレーシアでは、学生の多様性を図るために75％対25％の比率を推進していないということですね？

ランカスター　私たちの憲章では、イギリスのエプソムカレッジの同意を得て、「アジア各地の子どもたちを教育したい」と明確に表明しています。生徒たちが正しい姿勢を学び、「グローバルな市民になりたい」という願望を持っている限り、私たちは彼らを歓迎します。私たちの学校には、約30カ国もの多様な国籍の人々が暮らし、学んでいます。学校として私たちの仕事は、彼らにそうした機会やそれ以上のものを与え、彼らが真に最高の人間になれるようにすることです。

例を挙げましょう。たとえば、日本、台湾、韓国、中国から生徒が来る場合です。教師の90％がイギリス人なので、教室での活動や指導はすべて英語で行われます。これらの生徒の多くは英語力がそれほど高くないため、「EAL（English as an Additional Language、第二言語としての英語学習の略称）」および「IEAL」と呼ばれる追加の英語クラスを設けて、特に試験の時期にはカリキュラムを完全に理解できるように、「読む」「書く」「話す」、および「音声学」のスキルを身につけるサポートを行っています。

当校の日本人卒業生の中には、インペリアル・カレッジ・ロンドンをはじめとするラッセルグループのトップ大学で医学を学ぶ学生もいます。これは、学校言語が英語である環境で一緒に生活して学ぶことで、理解力、語調、読み書きのスキルが大幅に向上することを示しています。これらのすべての要素が流暢な英語を話す人になる高い成功率につながります。当校の生徒は、日本人であれ、他の北アジア諸国の生徒であれ、ＩＥＬＴＳ（英語熟練度を測る英語検定試験の一つ）を受験する必要がある頃には、西洋諸国の大学で生活し、学ぶための要件を問題なく満たしています。

――私がインターナショナルスクール、特に国際バカロレア（ＩＢ）カリキュラムの認定校を日本で開校したいと思った大きな理由の一つは、日本の学校教育は学習カリキュラムに関して選択の余地がないからです。どの学校も文部科学省が定めた国家カリキュラムに従います。しかし、現在、私たちの生活やビジネスのあらゆる側面で、多くの選択肢があります。これが、日本で代替教育を実施または提供しようと考えた私の動機でした。したがって、東南アジアの人々、特に子どもにユニークな教育や学習の機会を与えたいと考えている親御さんが、教育の力を信じてそうすることができるように、マレーシアにエプソムカレッジを開校したランカスターさんの努力に私は敬意を表します。

教室外での学習の重要性は、ライフスキルを養うために必要である

ランカスター　ありがとうございます。これは私たちにとっても非常に個人的な思いが込められています。柴田さんと同じように、私も教育こそが世界を変える方法だと信じています。イスラエルとパレスチナ、ロシアとウクライナなど、現在の世界は以前とは様変わりしていることを子どもたちは理解する必要があります。

また、子どもたちは学業だけでなく個人的な成長を助けられる必要があります。学業が一定の基準に達することはもちろん重要ですが、同時にバランスも重要だと考えています。そのバランスとは、教室の外で学ぶことです。教室内ですべてを達成する必要はありません。音楽、アート、デザイン、そして人々に喜びを与える重要な創造的活動である舞台芸術について言えば、学校の演劇に参加して６００～７００人の友達や先生が見ている前で舞台で演技をすると、子どもたちの才能は本当に花のように開きます。私たちは何度もそれを見てきました。読書や本を使った勉強、暗記ばかりの環境から子どもたちを引き離すと、花のつぼみが最も美しいバラに咲くのがわかるでしょう。重要なのは、子どもたちに個人的な成長とバランスの機会を与えることなのです。

スポーツも、ライフスキルを学ぶ最も重要なツールの一つです。寄宿学校として、私たちが行うことの多くは、ライフスキルによって生徒の将来に備えることです。特にチームスポーツでは、チームワークが成功の鍵であることを学びます。この成功は、他の人があなたに頼ることや、逆にあなたが他の人に頼る必要がある状況から生まれます。チームの副キャプテンまたはキャプテンであれば、すぐにリーダーシップスキルを任され、コーチに代わって決定を下す必要があります。また、人生では時に負けることもあることを学び、負けを潔く受け入れるとともに、チームとして立ち直り、何が悪かったのかを話し合い、それを修正して前進することを学びます。スポーツは、私たちの活動の大きな部分を占めています。

このように、80エーカーのキャンパスでのスポーツ、音楽、美術、舞台芸術など、すべてが合わさって、当校の生徒は積極的に挑戦し、前進する意欲を身につけます。生徒は学校とスタッフというセーフティネットがあることを知っており、失敗しても私たちがサポートするので、より探究心や好奇心が湧き、さまざまな道を探ろうとします。それが、寄宿学校だからこそ提供できるコミュニティ要素と牧歌的な教育法です。

――教育における芸術とスポーツの重要性に関するランカスターさんの意見に強く賛成します。ミュージカル、舞台芸術、演劇など、私も生徒たちのパフォーマンスをよく楽しみます。

時には、クラスに私たちのスクールの生徒全員と地元のスクールの生徒が交ざることもあります。それは驚くべきことで、自校の生徒と地元の生徒の区別がつかないこともあります。私たちもインターナショナルスクールなので指導言語は英語ですが、地元の生徒にとって英語は第二言語です。それは本当に素晴らしいことです。

テクノロジーを効率的に取り入れることは課題だが、世界的なトレンドに適応することが重要

――それでは2つ目の質問に移ります。エプソムカレッジではテクノロジーをどのように活用しているのでしょうか。また、近年のAI（人工知能）などの発展を踏まえて、テクノロジーの価値をどのように捉えていますか。

ランカスター　2022年にChatGPTが初めてリリースされたときのことを覚えていますか？ 教育関係者は大きな動揺と懸念を示し、実際に多くの学校がChatGPTの使用を禁止しました。しかし、私たちはChatGPTを別の視点から捉えました。ChatGPTが登場したとき、私たちはイギリスのエプソムカレッジ本校と話し合い、「世界は変化しており、AIはさらに重要な位置を占めることになるだろう」という理由で、このテクノ

ロジーを採用することを決めました。ＡＩは生徒の支援に使われるべきですが、人間が提供しなければならないもの、つまりＡＩでは提供できないレベルのインタラクションはまだまだ残されています。教師は学習方法を強化するツールとしてＡＩとその応用を理解する必要があると同時に、ＡＩでは実現できないサポートを提供しなくてはなりません。私がいつも尋ねられる質問は、「ＡＩが学校に取って代わると思うか？」ですが、私はそうは思いません。

――ランカスターさんの最後の言葉に私も完全に同意します。ＡＩをはじめとするあらゆる種類の先進技術が表現できる可能性を否定することはできません。これはある意味で、人材、技術、情報、資金、学習の物理的環境を含む教育リソースの配分であると私は考えています。ＡＩはこれらの要素の配分を少し変えるかもしれませんが、それら不可欠で基本的な要素の1つまたは2つに過ぎず、人間を完全に消去したり置き換えたりすることはできません。

したがって、ＡＩをどのように活用するかを決定するのは、私たち人間次第です。エンジニアや教育者がＡＩの導入や使用方法を慎重に考え、適切に活用することで、ＡＩは教育のサポートツールとして効果的に機能します。しかし、ＡＩは過去の人間の経験に基づいて学習するため、人間の判断力や感情、倫理に代わるものにはなりません。したがって、テクノロジーを受け入れつつも、教師や教育者が主導し、どのようにクラスルームやキャンパスでテクノロジーを活用するかを決めることが重要です。

グローバルなマインドセットとソフトスキルを備えた次世代のリーダーを育成するインターナショナルスクールの役割

――3つ目の質問ですが、マレーシアをはじめとする東南アジア全体の教育が今後直面する課題についてどのようにお考えですか。また、マレーシアのエプソムカレッジでは、そのような課題や問題をどのように克服し、改善しようとしているのか、お聞きしたいと思います。

ランカスター　とてもいい質問ですね。2023年、『エコノミスト』の調査部門であるエコノミスト・インテリジェンス・ユニットとグーグルがあるレポートを作成しました。それは、アジア太平洋地域全体の多国籍企業や中規模から大規模企業のCEO3500人にインタビューを行ったもので、CEOが自社を成長させ、今後も健全な状態を維持する上で直面する課題に焦点が当てられていました。回答者全員が挙げた最大の課題は、明日のリーダー、つまり最終的に自分たちの後を継ぐ人材を見つけることでした。ソフトスキルを持つ人材を見つけることに関して深刻な問題があることがわかったのです。

彼らはこう言っていました。

「私たちは、最高の大学出身の学生を見つけて採用することはできるが、彼らにはグローバルな考え方、特にリーダーシップや社交性といったソフトスキルが欠けている」

柴田さんも私も企業に入社すれば、誰しも社内外の人々と適切にコミュニケーションをとり、彼らと関係を築き、指導し、動機づけ、導くなどのソフトスキルが極めて重要であることを知っています。これらは、多くのＣＥＯが問題視している点です。

マレーシアには、「カザナ・ナショナル」という政府系ファンドがあります。この組織の一部門は教育助成金の提供に携わっており、大学進学前の奨学金（通常はＡレベル、ＩＢＤＰの場合もあり）と大学教育のための奨学金を提供しています。この組織は奨学金を出す大学のリストをかなり厳しく設定しており、マレーシア全土で最も優秀な少年少女に奨学金を支給しています。大学を通じて資金を提供し、その後、政府または政府系企業で働くように促します。カザナ・ナショナルは政府系ファンドとして国家建設に関与しているという考えです。最高の機関から選ばれた最も優秀な人材を国家を率いるリーダーとして確保するために、長期的な投資決定を行っているのです。

彼らとミーティングした際に、彼らも同じ問題に直面していることが明らかになりました。マレーシアの最も優秀な若い男女の中には、トップクラスのＡレベル校に通うための奨学金を得ている人もいます。彼らは最高の成績を収め、特にイギリスやアメリカなど世界のトップクラスの大学からオファーを受けています。しかし、学校では社交したりするといったソフトスキルを十分に学ぶことができていません。つまり、非常に知的な考えを持つマレーシア人が集まっているだけで、基本的なソフトスキルが欠けているという状況でした。

留学先の大学で、彼らはマレーシア人としか交流せず、日本人やイギリス人などとは交流していませんでした。そして学位を取得した後、彼らは帰国して労働力に加わりました。しかし、彼らは明日の国を背負うリーダーとは言えません。そこでカザナ・ナショナルは私たちにアドバイスと助けを求めてきたのです。彼らは、私たちが子どもたちに毎日行っていること、彼らが絶対的な自信を持てるようにするにはどうすればよいかを知りたかったのです。私たちの生徒たちは、たくさんの大人と同じ部屋に入れられ、大人と世界中の物事について会話したり、とても面白い方法で関わったり、独自の視点を持っています。これらすべてのスキルはとても重要です。特にカザナ・ナショナルにとっては絶対に不可欠です。

そして、これはマレーシアだけの問題ではなく、他の東南アジア諸国でも同じです。私たちは生徒たちに、勉強、暗記、授業に時間を費やし、夜11時まで授業を受けるというだけの理解から抜け出すよう、変える必要があります。なぜなら、これでは明日の未来のリーダーが育たず、人々が最高の自分になれるようにはならないからです。

学校は、地域を含めたすべての人々とつながり、差別を感じることなく、誰もが絆を深められる場所である

――21世紀と明日のリーダーにとって、対人スキル、ソフトスキル、多様性を受け入れて配慮することが非常に重要な要素であることに同意します。

次の質問ですが、エプソムカレッジが地域社会、そしてマレーシアという国全体に貢献するために、どのようなことを奨励しているのですか？　また、マレーシアにおける学校と社会との関係をどのように評価しますか？

ランカスター　多くの学校が地域社会と協力していると主張する一方で、さらなる改善の余地があることは事実です。私たちは寄宿学校として、空港から車で15分、クアラルンプール市内から車で1時間ほどの距離に位置しています。この地域は非常に小さく、私たちのキャンパスはその中で最も重要な開発プロジェクトの一つです。具体的には、経済的・社会的に地域に大きな影響を与え、地域発展における中心的な役割を果たしています。キャンパスは自然に囲まれた美しい環境にありますが、クアラルンプールの都市開発からは遠く離れています。多くのスタッフがこの地域社会に積極的に関与しており、一部のスタッフは地元から

採用されています。もちろん、クアラルンプールからも優秀なマネージャーや専門家を採用できますが、毎日車で1時間以上の通勤は現実的ではありません。したがって、私たちがこの地域の一部として機能し、地域社会と緊密に連携することが非常に重要です。

マレーシア最大の政府系企業ペトロナスのCEOが、2人の娘を私たちの学校に通わせています。彼は非常に高い報酬を得ている重要な人物であり、娘たちは非常に恵まれた生活を送っています。しかし、彼女たちは、全額奨学金を受けている当校の生徒と一体になっているのです。彼らは、B－40セグメント（国内最下層40％、月収2500米ドル未満）の家庭出身の聡明な少年少女たちです。彼らは奨学金を受けていますが、生徒間で差別意識はありません。全員が自分の出身地を知っており、ただの親友です。経歴や出身地で差別されることはありません。自分たちは対等であること。これが私たちが学校に植えつけたい価値観です。人間の感情、道徳的性格、善悪の判断、偏見を持たず、親切で友好的であることに関するものです。これらは私たちにとって重要なことであり、すべての教師と寄宿舎教師の監督の下で非常にうまく統合されています。

――本日はお時間をいただき、本当にありがとうございました。

第3章

次世代型世界標準カリキュラム「国際バカロレア（IB）」

1　国際バカロレア（ＩＢ）がめざすところ

筆者と国際バカロレア（ＩＢ）の出会い

２０１２年、私は株式会社Ａｏｂａ‐ＢＢＴ（当時の社名は株式会社ビジネス・ブレークスルー）に入社し、グローバルリーダーの育成を使命とするこの会社で、新たな教育の可能性を模索していました。この理念を18歳以下の子どもたちにも広げるため、世界の教育標準を調査していたところ、「国際バカロレア（ＩＢ）」という教育プログラムに出会いました。

調べれば調べるほど、そのカリキュラムと「ラーナー・プロファイル（学習者像）」が、私たちＡｏｂａ‐ＢＢＴが掲げる「５つのコア・バリュー」と深く共鳴していることに気づきました。生徒が卒業時に達成すべき具体的な目標が明確に定義されており、その方向性はまさに私たちの理想と一致していました。そこで、日本でこの国際バカロレア（ＩＢ）教育を提供しようと決意したのです。

２０１２年末から２０１３年初めにかけて、シンガポールにある国際バカロレア（ＩＢ）のアジア地区本部で面談の機会を得ました。当時、日本政府は国際バカロレア（ＩＢ）認定校を２００校に増やす計画を進めており、国際バカロレア（ＩＢ）協会もアジアでの認定校拡大に積極的でした。このような時勢の中、日本での認定校増加が合意され、私たちもその一翼を担うことになりました。

その後、東京インターナショナルスクール創業者の坪谷・ニュウエル・郁子氏（本書の巻末に対談を収録）や、東京学芸大学附属国際中等教育学校の星野あゆみ氏、教育アドバイザーの大迫弘和氏といった、日本の国際バカロレア（ＩＢ）教育の第一人者の方々と出会いました。彼らのご指導の下、日本での国際バカロレア（ＩＢ）教育の普及に取り組み、幼稚園から高校まで一貫した国際バカロレア（ＩＢ）教育を提供するカリキュラムを設計しました。

国際バカロレア（ＩＢ）の魅力

国際バカロレア（ＩＢ）教育の最大の魅力は、明確に定義された「ラーナー・プロファイル（学習者像）」にあります。これは、生徒が卒業時に身につけるべき10の資質を具体的に示したもので、企業経営におけるビジョンと同様に、教育の目指すべきゴールを明確にしています。

この学習者像は、私たちＡｏｂａ-ＢＢＴが掲げる「5つのコア・バリュー」と多くの点で共通しており、その共通性はグローバル社会で求められる人材像を具体的に示しています。たとえば、「探究者（Inquirers）」は「問題解決能力を持つ人」、「コミュニケーションができる人（Communicators）」は「英語を含め、多様な人々とコミュニケーションができる人」と、それぞれ重なります。

このような共通点は、私たちが目指す教育の方向性が国際的な基準と一致していることを示しており、その重要性を一層強調しています。

さらに、国際バカロレア（ＩＢ）教育のもう一つの魅力は、その品質保証が世界基準で行われている点です。国際バカロレア・ディプロマ・プログラム（ＩＢＤＰ）の生徒は、学校外部の機関によって作成・採点される試験を受け、厳格な基準の下で評価されます。卒業するためには45点満点中24点以上を取得する必要があり、公平で信頼性の高い評価が保証されています。

この評価制度により、国際バカロレア（ＩＢ）卒業生は世界中の大学で高く評価され、ハーバード大学、スタンフォード大学、マサチューセッツ工科大学（ＭＩＴ）などのトップ大学も、高得点を取得した生徒を積極的に受け入れています。こうした国際的な信頼性から、多くの保護者も安心して子どもを国際バカロレア（ＩＢ）認定校に送り出すことができるのです。

ラーナー・プロファイル（学習者像）

国際バカロレア（ＩＢ）の「ラーナー・プロファイル（学習者像）」は、生徒が知識を単に習得するだけでなく、世界に貢献できる人物へと成長するための指針です。

図5　国際バカロレア（IB）が掲げるラーナー・プロファイル（学習者像）

①
探究者
(Inquirers)
好奇心を持ち、
自ら進んで
学び続ける姿勢を育む人
②
知識のある人
(Knowledgeable)
幅広い知識を持ち、
それを多様な状況で
活用できる人
③
考える人
(Thinkers)
批判的かつ創造的に考え、
複雑な問題に
取り組む人
④
コミュニケーションが
できる人
(Communicators)
多言語で効果的に表現し、
他者と協働できる人
⑤
信念を持つ人
(Principled)
誠実さと
公正さを持ち、
倫理的に行動する人
⑥
心が開かれている人
(Open-minded)
他者の意見や
価値観を尊重し、
異なる視点を理解しようと
努める人
⑦
思いやりのある人
(Caring)
共感力を持ち、
他者や社会に対して
思いやりを示す人
⑧
リスクをとる人
(Risk-takers)
新しい挑戦を恐れず、
困難に立ち向かう
勇気を持つ人
⑨
バランスの取れた人
(Balanced)
心身の健康や
生活の調和を大切にし、
さまざまな活動に
積極的に取り組む人
⑩
振り返りができる人
(Reflective)
自らの学びや
経験を振り返り、
自己成長につなげる人
IBの
学習者像

図5に、その学習者像を紹介します。

国際バカロレア（ＩＢ）の学習者像は、生徒一人ひとりが持つ可能性を最大限に引き出し、世界で活躍するために必要な資質を育むことを目指しています。私たちＡｏｂａ‐ＢＢＴはこの理念を共有し、未来の社会に貢献できる人材の育成に努めています。

2 崇高な理念を体現するカリキュラム

国際バカロレア（IB）誕生の背景

第2章ですでに述べたとおり、国際バカロレア（IB）は、幼児から高校生までを対象とした4つの主要プログラムを提供しています。最初に開発されたのは高校生向けのDP（ディプロマ・プログラム）で、その後、幼稚園・小学生向けのPYP（プライマリー・イヤーズ・プログラム）、中学生向けのMYP（ミドル・イヤーズ・プログラム）が続きました。これらのプログラムは、大学進学を目指すカリキュラムから始まり、徐々に人間形成に焦点を当てた総合的な教育へと進化しました。

この背景には、冷戦時代の国際社会の変化が大きく影響しています。第二次世界大戦後、国際機関や多国籍企業に勤務する人々は、世界中どこにいても子どもが大学受験に不利にならない統一された教育を求めました。こうして、スイスのジュネーブを拠点に、国際的な背景を持つ子どもたちのためのカリキュラムが誕生しました。

そのため、国際バカロレア（ＩＢ）のカリキュラムは「地球市民」の育成を目指し、平和的で利他的な価値観を重視した内容が反映されています。国際バカロレア（ＩＢ）の「ラーナー・プロファイル」も、この理念に基づいて設計されています。

多様な個性を引き出すオールラウンド教育

国際バカロレア（ＩＢ）の特徴は、幅広い分野を学びながらも、生徒一人ひとりが自分の興味や将来の目標に合わせて科目を選べる点です。６つの教科グループから1科目ずつ選ぶことで、バランスよく知識を習得しながら、自分自身の学びをデザインすることができます（図６）。

10人いれば10通りの学び方が実現する国際バカロレア（ＩＢ）のアプローチは、全員に画

図6　国際バカロレア(IB)の6つの教科グループ

グループ1

言語と文学（母国語）

科目名：
言語A：文学
言語A：言語と文学
言語A：文学と演劇（SLのみ）（※）

グループ2

言語習得（外国語）

科目名：
言語B
古典言語
初級言語（SLのみ）

グループ3

個人と社会

科目名：
地理、歴史、経済、ビジネスと経営、情報テクノロジーとグローバル社会、哲学、デジタル社会、心理学、社会・文化人類学、グローバル政治、世界の宗教（SLのみ）、環境システムと社会（※）

グループ4

理科

科目名：
生物、化学、物理、コンピュータ科学、デザインテクノロジー、スポーツ・エクササイズ・健康科学、環境システムと社会（※）

グループ5

数学

科目名：
数学：解析とアプローチ
数学：応用と解釈

グループ6

芸術

科目名：
音楽、美術、ダンス、フィルム、演劇、文学と演劇（SLのみ）（※）

※なお、「文学と演劇」はグループ1と6の横断科目。「環境システムと社会」はグループ3と4の横断科目で、どちらかのグループとしての登録ができる。

出所：文部科学省IB教育推進コンソーシアム

一的な教育を強いるのではなく、それぞれの生徒の個性と興味を尊重しながら、個別の学習プランを提供します。

IBDPのカリキュラムについて

国際バカロレア・ディプロマ・プログラム（ＩＢＤＰ）は、16歳から19歳の生徒を対象にした、２年間にわたる国際的なカリキュラムです。この年齢幅は、生徒が国際バカロレア・ディプロマ・プログラム（ＩＢＤＰ）を開始する年齢が学校ごとに異なるために設けられています。プログラムの最大の特徴は、学問的な厳しさに加え、個々の生徒の興味や関心に合わせて柔軟に科目を選択できる自由度の高さにあります。これにより、生徒は自らの学びを主体的に進め、将来の進路に応じたスキルや知識を深めることができます。

①教科グループ

生徒は、以下の６つの教科グループから1科目ずつ選択します。

・グループ1「言語と文学（母国語）」……母語での文学的な分析を通じ、批判的思考力や表現力を養います。
・グループ2「言語習得（第二言語）」……第二言語を学ぶことで、異文化理解や国際的なコミュニケーション能力を高めます。
・グループ3「個人と社会（社会科学）」……歴史、地理、経済、心理学などを学び、社会の仕組みやグローバルな問題に対する理解を深めます。
・グループ4「理科（自然科学）」……物理、生物、化学、環境システムなどの科目を選び、科学的な思考力と分析力を培います。
・グループ5「数学」……生徒のレベルに応じてさまざまなレベルの数学を選び、論理的思考と問題解決能力を鍛えます。
・グループ6「芸術」……視覚芸術、音楽、演劇など、創造的な表現を通じて、芸術的な感性を磨きます。

これらの教科選択により、生徒は自分の興味や強みを活かしつつ、多様な分野に触れることができます。つまり、同じ国際バカロレア・ディプロマ・プログラム（ＩＢＤＰ）に参加していても、生徒ごとに学びの内容が異なる「個性を活かしたオールラウンド教育」が実現されるのです。

②コア科目

国際バカロレア・ディプロマ・プログラム（ＩＢＤＰ）には、学問だけでなく、人格形成にも寄与する３つのコア科目があります。

・創造性・活動・奉仕（ＣＡＳ）……学業以外の課外活動に参加し、社会貢献や創造的なプロジェクトを通じてバランスの取れた人格を育てます。

・知の理論（ＴＯＫ）……「どのようにして知識を得るのか」を考察し、知識を多面的に探究する批判的思考力を養います。

・課題論文（Extended Essay）……独自のテーマでリサーチを行い、４０００字の論文を作成することで、学問的な探究力と自己管理能力を高めます。

③評価とディプロマの取得

国際バカロレア・ディプロマ・プログラム（ＩＢＤＰ）の評価は、外部試験と内部評価に基づいて行われます。各生徒は、グループ１からグループ６までの主要６科目を履修し、それぞれの科目で7点満点の評価が与えられます。通常、6科目の合計は42点満点となりますが、これに加えて「知の理論（ＴＯＫ）」と「課題論文（Extended Essay）」の2つのコア科目で最大3点が付与され、合計で最高45点満点となります。この45点がＩＢＤＰの最高得点です。

ディプロマの取得には、これらの評価の合計が24点以上であることが必要です。このため、国際バカロレア・ディプロマ・プログラム（ＩＢＤＰ）は世界中の大学で高く評価され、入学資格として認められています。

評価プロセスの詳細として、外部試験は主に筆記試験で構成され、各科目の知識と分析力を測ります。内部評価は、教員が生徒の口頭発表やレポート、エッセイを評価し、学びの過程や応用力を総合的に判断する方式です。内部評価の結果は、外部機関によって再確認されるため、評価の公平性も確保されています。

また、国際バカロレア（ＩＢ）はディプロマ・プログラム（ＤＰ）のコア科目を通じて、学問分野を横断する探究力や社会的な意識、批判的思考を養います。国際バカロレア・ディプロマ・プログラム（ＩＢＤＰ）は、単に知識の習得にとどまらず、批判的思考や問題解決能力を育て、グローバルリーダーを育成する教育プログラムとして世界的に評価されています。

日本の教育との違いと国際バカロレア（IB）教育の強み

国際バカロレア（ＩＢ）と日本の教育は、一見すると幅広い科目を履修する点で似ているように見えるかもしれません。しかし、国際バカロレア（ＩＢ）の最大の違いは、生徒が自分の興味や将来の目標に応じて科目を選択できる自由度にあります。これにより、生徒は自ら学びたい分野を深く探究しながらも、幅広い教養を身につけることができます。

また、国際バカロレア（ＩＢ）は探究型学習を重視しており、生徒が自ら問いを立て、その答えを探すプロセスを通じて、主体的な学びが促進されます。学習内容は単なる知識の習得にとどまらず、学んだことを現実の課題にどう応用するかを重視します。

さらに、国際バカロレア（ＩＢ）では、他者との競争よりも個人の成長に重点を置いています。日本の教育では、定期試験や成績によって序列化されがちですが、国際バカロレア（ＩＢ）では評価はあくまで生徒自身の進捗を確認し、次に何を学ぶべきかを見極めるためのツールです。これにより、10人いれば10通りの学び方が存在し、生徒それぞれが自分の個性や目標に応じて成長できる環境が整っているのです。

国際バカロレア（IB）の評価システムとその意義

国際バカロレア（ＩＢ）では最終的な評価は高校3年生時の外部試験によって決まります。この試験は各科目7点満点で評価されますが、それ以外の期間においては、生徒たちは自己評価や教員からのフィードバックを通じて、自己成長を促すための評価を受けます。

生徒は単なる点数ではなく、自己の進捗を把握し、次に進むべき道を見つけるために評価を活用します。評価は生徒同士を競わせるためではなく、自己成長のためのナビゲーションとして機能します。

教員は個々の生徒の進捗を把握し、それに基づいて指導を行うため、生徒一人ひとりが自分のペースで学び、成長していくことができる環境が整っています。これは、国際バカロレア（ＩＢ）の教育が目指す「個別化されたオールラウンド教育」の強みであり、生徒たちが健全な自己肯定感を育む要因となっています。

インタビュー②

日本における国際教育の普及

キャロル・犬飼・ディクソン

Carol Inugai Dixon

日本国際バカロレア（IB）教育学会初代会長・筑波大学客員教授
イギリスで生まれ、50年以上にわたり国際教育に携わる。横浜インターナショナルスクールでの国際バカロレア（IB）プログラムの立ち上げに貢献し、その後オランダのハーグにある国際バカロレア機構（IBO）で言語習得プログラムの開発を担当。

キャロル・犬飼・ディクソンさんは国内外で40年以上にわたって、国際バカロレア（IB）の研究や実践に関わってこられたスペシャリストです。豊富な経験を基に、日本の国際バカロレア（IB）教育の現状、国際教育のトレンドについてお話をうかがいました。

国際教育の現場から、教育プログラム開発まで幅広く担当

――本日はよろしくお願いいたします。私が知る限り、ディクソンさんはＰＹＰコア、ＭＹＰコア、ＤＰコアの経験を持つ唯一の専門家です。本日はこのインタビューを通じて、国際バカロレア（ＩＢ）教育とグローバル教育について、できるだけ多くの洞察を得たいと思います。

これら核心的な点に入る前に、まず国際バカロレア（ＩＢ）教育と日本の環境における国際バカロレア（ＩＢ）の実施に関する、ディクソンさんの経歴の概要を教えていただけますか？

ディクソン　私は１９８９年から国際バカロレア（ＩＢ）に関わっています。当時は日本の横浜インターナショナルスクールに在籍していましたが、インターナショナルスクールでは言語学習、第二言語学習、多様性の包摂といった分野で、非常に生産的で前向きな変化が起こっていました。具体的には、横浜インターナショナルスクールでは、日本人生徒を国際バカロレア（ＩＢ）に組み込むための方針、戦略、実践を開発していました。それ以前は、インターナショナルスクールでは主に英語を母語とする生徒を対象としたプログラムが多く、

他の言語を話す生徒や異なる文化的背景を持つ生徒が国際バカロレア（ＩＢ）プログラムに参加するには多くの障壁がありました。

私は国際バカロレア機構（ＩＢＯ）から、これらの実践、方針、戦略をすべてのプログラムに広げ、日本以外の地域にまで広げられるかどうかを検討するよう依頼されました。これには、ＰＹＰ、ＭＹＰ、ＤＰのいずれかに従っている世界中のすべてのインターナショナルスクールが含まれます。私のアイデアは、言語教育学を使用して、すべてのプログラムを統合することでした。なぜなら、各プログラムは別々に成長して、別々に機能していたからです。

国際的な視野と教育実践への理解を深める上で非常に役立つため、私はヨーロッパなど世界中での勤務を通じて経験を積みました。

その後、日本に戻り、２０１５年から筑波大学での活動を開始しました。当時、日本語と英語を併用するデュアル・ランゲージ・ディプロマ・プログラム（75ページ）が導入されており、この新たな教育プログラムの効果を理解し適応できる教師を育成すること、そして21世紀の教育の本質を深く探究する修士課程の開発を依頼されました。

グローバルイデオロギーを日本文化に取り入れる際の課題

——専門的なご経歴を簡潔にまとめていただき、ありがとうございます。私がディクソンさんと最後にお会いしてお話をさせていただいたとき、国際バカロレア（ＩＢ）教育が第二次世界大戦直後、教育に対する価値観が厳格なものから、より柔軟で多様な考え方を受け入れる方向へと変化する中で開発されたこと、自由民主主義の考え方と社会主義の考え方の競争、あるいは欧米対ソ連（現ロシア）といった知恵の部分での競争があったことなど、ご見解を興味深くうかがったことを思い出します。

その後、ディクソンさんは日本で勤務することになり、国際バカロレア（ＩＢ）の導入に向けて日本の教育界全体をサポートしました。西洋の教育法を導入することは東洋のコミュニティにとってまったく新しい挑戦だったとおっしゃっていました。どのような課題に直面したのか、またその点に関して専門的な知見はどのようなものであったのかについて、もう少し詳しくお話しいただきたいと思います。

ディクソン　いくつかの課題がありました。まず、国際バカロレア（ＩＢ）プログラムの導入により「国際教育とは何か」が再考されるようになりました。インターナショナルスクールが提供する教育と、国際バカロレア（ＩＢ）の目指す「国際的な精神」はどのように異なるのか、そして日本の文脈でその理念をどう実現するかが重要なポイントです。

デュアル・ランゲージ・ディプロマ・プログラムの導入には、双方向性が不可欠であり、私もその重要性を主張してきました。日本の教育においても、論理的かつ明快なビジネス英語の習得は批判的思考を養う上で非常に役立ちますし、また、英語が世界共通語である今、それを基盤に学ぶことは21世紀に必要なスキルとして有意義です。

さらに、デュアル・ランゲージ・ディプロマ・プログラムは、日本文化の価値を世界と共有するための手段としても重要です。以前、ヨーロッパで国際バカロレア（ＩＢ）教育に携わっていたとき、日本の価値観や考え方に学ぶことの意義を同僚に提案していましたが、言語の壁があり、それを実際に伝えるのは困難でした。

今では、デュアル・ランゲージ・ディプロマ・プログラムが可能になり、柴田さんがおっしゃるように、日本語と西洋言語が融合し、東洋の伝統的な知恵と西洋の知見を合わせることで、グローバルな課題に対応できるようになりました。これは教育にとって非常に価値があると信じています。ビジネスを含むあらゆる場面で正しい価値観に基づいた健全な基盤を築けるよう、こうした要素を取り入れることが求められています。そして、この取り組みは、教育やビジネスがより倫理的かつ公平なものになるために役立つと考えています。

日本の国際バカロレア（ＩＢ）教育の質を高めるための専門能力開発が急務

――西洋の言語をベースとした教育法を日本のような東洋社会に取り入れることの可能性を改めて感じます。こうした流れを受けて、日本政府は約７年前にＩＢ教育推進コンソーシアムを立ち上げました。これは、国内の学校が国際バカロレア（ＩＢ）認定を受けることを支援し、ＤＰ、ＭＹＰ、ＰＹＰを含む少なくとも２００以上の認定国際バカロレア（ＩＢ）プログラムを日本国内に持つようにすることを基本的な目的としています。私はこのプロジェクト管理に深く関わり、５年目の終わりまでに２００校を超える国際バカロレア（ＩＢ）認定を達成することに成功しました。現在、ＩＢ教育推進コンソーシアムは第２フェーズに移行し、日本で実施される国際バカロレア（ＩＢ）教育の質の向上を目指しています。その観点から、課題や改善点をどのように見ていらっしゃいますか？

ディクソン　当初は日本の文部科学省が定めた学習カリキュラムと国際バカロレア（ＩＢ）の互換性がないと思われていた問題がありました。しかし、今ではそれらの問題の多くは解決されたと思います。文科省は、日本の学習カリキュラムを国際バカロレア（ＩＢ）と共存できる形で書き直すという素晴らしい仕事をしました。実際、統合に関してもう大きな問題はないと言ってもいいでしょう。

ただし、適切に育成されている要素とまだ不十分な要素があると思います。たとえば、日本の国家カリキュラムにある道徳の観点は、国際バカロレア（ＩＢ）プログラムが総合的な発達において欠いている部分を補う素晴らしい教育リソースです。国際バカロレア（ＩＢ）プログラムは主に認知的なものであり、このギャップを認識しています。国際バカロレア（ＩＢ）はより総合的な要素を追加しようとしていますが、日本の国家的な文脈では、これはすでにカリキュラムの一部であり、国際バカロレア（ＩＢ）システムの価値を非常によく強化しています。また、文科省が英語についても優れた仕事をしているため、英語学習がカリキュラムに組み込まれていることも高く評価しています。

しかし、日本の伝統的な教育制度に起因する重大な問題がいまだに残されていると思います。指導者の多くが高齢で、国際バカロレア（ＩＢ）を日本の国家カリキュラムに統合するのに簡単な方法はないと考えており、いまだに国家カリキュラムを古い考え方で解釈しています。そのため、国際バカロレア（ＩＢ）を取り入れることは難しく、現状維持に陥っています。

もう一つの問題は、英語教育の状況です。日本の英語教師は、コミュニケーション英語を教えるための十分な訓練を受けていないため、苦労しています。コミュニケーション英語を教えるための教材はたくさんあるにもかかわらず、必要な訓練が不足しています。研修は受けられますが、国際バカロレア（IB）では適切に実施されていないと思います。

――IB教育推進コンソーシアムプロジェクトでは、国内の英語教師が日本語と英語の両方で国際バカロレア（IB）ワークショップをもっと受けられるように努力しました。特に日本語に力を入れ、東京や大阪だけでなく、日本各地でも開催できるようにしました。公認プログラムが200あれば、各都道府県に1～2校は国際バカロレア（IB）公認校があることになります。先生方はとても忙しく、大阪や東京で行われる2～3日間のワークショップに参加する余裕はありません。ですから、電車などで通える距離の地方都市で開催するほうがはるかによいのです。

ディクソン　はい、チャンスもあると思います。コロナ禍でよかったと思えることの一つは、ITプラットフォームの改善と、教師がオンラインでの授業から得た経験値です。Zoomなどのオンライン会議プラットフォームは、あらゆる人々にリーチできる素晴らしいツールだと思います。最大限に活用すれば、とても効果的です。

大学入試制度を改善するための日本版バカロレア開発の可能性

――私は、ネイティブや帰国子女などを除いてディプロマ・プログラム（DP）を受ける学生が少ないという点についてつねづね懸念を抱いています。それは日本の大学入試制度に一部起因しています。日本人学生が海外の大学に出願したい場合、ディプロマ・プログラム（DP）は有利に働きます。しかし、国内の大学に出願するとなると、大学入試のシステムはまったく異なります。ですから、それは近い将来、日本政府が解決すべき点の一つだと思います。

ディクソン　たしかに、それは検討すべき課題です。私が横浜インターナショナルスクールにいた頃、ディプロマ・プログラム（DP）を受講する生徒はごくわずかでした。横浜インターナショナルスクールを去った後、全員がディプロマ・プログラム（DP）を受講しましたが、全員が合格したわけではありません。ほとんどの生徒が合格しましたが、92～94％くらいでした。しかし、私の主張は、国際バカロレア（IB）教育は単なる入学試験よりも価値があるということです。そのプログラムを通じて培われる思考力、学習力、特性は、21世紀に間違いなく関連してきます。親が良い成績を望み、教師が良い成績を望み、私も良い成績を望みますが、彼らがこの教育を受けること自体に意義があるのです。

もう一つ、もし私が日本の文部科学大臣だったら、やるべきことの一つは日本版バカロレアを開発することだと思います。イギリスのウェールズではウェールズ版バカロレアを開発しました。私の大学時代の哲学の先生がそれを主導したのですが、彼は「21世紀の19歳の若者にどんなふうになってほしいですか」という質問から始めて、そこから逆算して考えました。そして、彼は国際バカロレア（ＩＢ）を土台としました。もし日本人がそれをやって、それから大学と協力すれば、入学試験も国際バカロレア（ＩＢ）により対応したものになるでしょう。国際バカロレア（ＩＢ）の基本理念を活かしながら、日本版バカロレアに発展させることは可能だと思います。

――先生のようなリーダーシップチームを持つ学校は非常に恵まれていると思います。しかし、多くの学校では、地方政府や教育委員会から任命されたリーダーが国際バカロレア（ＩＢ）教育の経験や理解を持たない場合が多いのが現状です。そのため、国際バカロレア（ＩＢ）教育の理念を学校全体に浸透させるのは課題です。リーダーシップの分散や学生の主体性を育むことが重要である一方、地方の学校がこれを実現するのは難しい状況にあります。国際バカロレア（ＩＢ）教育を広く普及させるための提案やアドバイスをいただけますか？

ディクソン　非常に重要なご指摘ですね。国際バカロレア（ＩＢ）教育を広げるためにまず必要なのは、「広報」の強化です。単なる宣伝ではなく、教育の変革が本当に必要であることを広く伝える広報活動が求められます。私は大人を対象とした教育に携わっていますが、その中で、幼い子どもや思春期の子どもを持つ親御さんたちと話す機会があります。多くの親御さんが、子どもたちの未来に対して不安を抱いていると感じます。そうした不安に対して、国際バカロレア（ＩＢ）教育が具体的な解決策となり得ることを伝えるべきです。特に、「二言語で学べる」という点を訴求すれば、親たちにとっても具体性があり、共感を得やすいでしょう。

さらに、この取り組みはＯＥＣＤ（経済協力開発機構）の「学習コンパス」や国連の「人権宣言」、アースチャーター研究所が提唱する理念とも一致しています。これらの国際的な機関は、教育の方向性に関する理想を掲げていますが、それを実際にどのように実現するのかまでは具体化されていません。その点で、国際バカロレア（ＩＢ）教育は具体的な実践の場を提供できるという大きな強みがあります。学校という場では、アイデアや議論だけでなく、実際に学びや変化が生まれるのです。

また、国際バカロレア（ＩＢ）教育の理念や価値を広く伝えるには、メディアを活用して、日本政府や企業、政策立案者、親、さらには学生自身など、さまざまな層にアプローチすることが効果的です。その際、グローバルな課題や問題意識に結びつけ、「グローバル市民権」の重要性を強調することが鍵となります。同時に、「ローカル市民権」もその一部であることを示し、地域社会との連携を図ることも大切です。

日本政府は教育に資源と費用を割り当てるべし

――ディクソンさんはそのような国際バカロレア（IB）導入の波と関わってきたわけですが、東京や大阪以外の日本の地方コミュニティが、グローバル教育志向の国際バカロレア（IB）スクールを設立し始める機会をどのように見ていますか？

ディクソン　国際バカロレア（IB）の導入における最大の課題は費用負担です。国際バカロレア（IB）カリキュラムは高い教育水準を維持するために運営コストがかかり、特に地方自治体にとって、その費用をどのように負担するかが大きな障壁となっています。しかし、地方自治体がこの課題を克服し、財政的な支援体制を整えられれば、文部科学省が掲げる地方創生の目標と国際バカロレア（IB）が持つ国際的な教育理念は、むしろ相互補完的に機能するでしょう。地方における国際バカロレア（IB）の導入は、地域の教育環境を国際水準に引き上げると同時に、地域経済や社会の活性化にも寄与すると考えられます。

また、日本国内では近年、国際教育を提供する私立のインターナショナルスクールが都市部だけでなく地方にも増加しています。これらの学校は、かつて駐在員家庭を主な対象としていましたが、現在では裕福な日本の家庭をターゲットにした学校が増えています。このような学校の多くは、英語を中心とした教育プログラムを採用し、さらに批判的思考力や問題解決能力の育成を重視しています。一部の学校では、国際バカロレア（ＩＢ）をはじめとする国際的な資格を取得できるコースも導入されています。

こうした動向は、国内で国際教育への関心が高まっていることを示しています。しかし、地方で国際バカロレア（ＩＢ）を広く導入するためには、地方自治体や学校が抱える資金調達の課題を解決する必要があります。中央政府の支援や企業からの協力はもちろん、地域社会全体で教育に対する投資をどのように確保するかが鍵となります。これらの課題を乗り越えることで、地方の生徒たちにも世界基準の教育を提供でき、地域が持つ潜在力をグローバルに発揮できる環境を実現することが可能となるでしょう。

――そうですね、私は日本政府が国家予算から人材への投資をもっと捻出することを強く期待しています。日本は天然資源のない小さな島国です。軍事力も限られています。したがって、日本が投資できるのは人材だけです。日本がアジアのよりよい未来に貢献する方法の一つは、教育への投資を増やすことです。他の目的から教育への投資に少し資金を移すことに合意できれば、全国の国際バカロレア（IB）教育者が直面している資金に関する問題の多くは解決、あるいは少なくとも改善されるでしょう。

ディクソン 日本が世界に誇るテクノロジーと精密産業の潜在能力を最適化し最大化したい場合、実現を妨げる障害の一つがメンタルヘルスの危機または健康問題です。カリキュラムの過密や学校不適応は、人的資源の無駄遣いです。これは日本だけの問題ではなく世界的な問題ですが、日本では特に深刻です。政府がこの分野に投資することは価値があるかもしれません。

――世界には選択肢がたくさんあります。ファッション、車、娯楽、旅行など、無数の選択肢があります。しかし、日本では教育に関して、選択肢や代替手段はあまりありません。親は子どものために複数の学校を選ぶことができますが、それらの学校は結局、国のカリキュラムに基づいているため、従うべき教育法とカリキュラムは一つだけです。もう少し選択肢を増やすことができれば、国際バカロレア（IB）もその一つになると思います。そのような考え方について、どのようにお考えですか？

ディクソン はい、政府が話し合わなければならないことの一つは、教育の目的について議論することだと思います。私たちは教育を何のために必要としているのでしょうか。教育にはさまざまな目的があり、非常に複雑で入り組んでいます。すべてが互いに影響し合っていて、その緊張関係を適切にバランスさせる必要があります。教育において重要なことの一つは、国家のアイデンティティと伝統を維持することです。日本は、他の多くのことをほとんど犠牲にして、そのことに非常に力を入れてきました。

オープンで国際的な国際バカロレア（ＩＢ）のような制度に移行すると、それが何を意味するにせよ、「日本の国民的伝統が損なわれたり失われたりするかもしれない」という恐れがあると思います。それは正当な恐れであり、議論される必要があると思います。しかし、国際的な考え方を養いながら、地元の文化に焦点を当てることもできます。これは日本人としてのアイデンティティを置き換えることではありません。英語、批判的思考、その他の要素を通じて、考え方がより拡張されます。「私は日本人であり、それで満足している」と言うこともできますし、「少し変えたい」と言うこともできます。

教育者はテクノロジーを効率的に取り入れる方法を理解しなければならない

――現在、ＡＩ（人工知能）などの技術が世界中で急速に普及しています。私を含め、教育に携わる人々の多くは、AIの力と可能性に驚き、また多少の懸念を抱いています。グローバルを含む教育におけるAIの機会、懸念、課題をどのように見ていらっしゃいますか？

ディクソン　教育界は元々保守的なので、新しいものが登場するとすぐにそれを禁止しようとする動きは珍しくはありません。いまだに「授業中は携帯電話をロッカーに置いておかなければなりません」と言っている学校があります。しかし、新しい技術を使わないのなら、なぜ私たちはこれらのものを発明したのでしょうか？　問題はこうだと思います。「私たちはそれらをどう活用するのか？」「どうすれば私たちの目的に有利になるのか？」

そこには教育の糸を通す必要があり、それは批判的思考と価値観に結びついています。テクノロジーの用途は何でしょうか？　それは何のためでしょうか？　私たちはテクノロジーを恐れるのではなく、それに積極的に取り組むべきです。ＣｈａｔＧＰＴなどの生成ＡＩはナンセンスな暗記学習を止めるための最後の一押しになるかもしれないので、私は歓迎します。

ＡＩを使って、既存の悪い習慣をどう置き換えるか、そしてそれを私たちが開発したい良い習慣とどう結びつけるかを検討する必要があります。しかし、そのためには、深く考え、方針を定め、学生に倫理観を育み、教育を受けている理由を理解させる必要があります。学生は21世紀の懸念を理解し、将来について正しい決定を下すために必要なものをすべて備えている必要があります。決定を下すのは彼らです。私たちもそうしますが、予測できない世界では、彼らは決定を下し続けなければなりません。

10代の若者が影響を受ける社会的スキル、国際バカロレア(ＩＢ)がそれらの課題をどう克服するか

――２０２０年から２０２３年にかけてのコロナ禍が日本や世界の国際教育にどのような影響を与えたとお考えですか？

ディクソン　コロナの影響は世界規模だったと思います。幸い、私は人里離れた広島県の島にいたので、生活は普段とあまり違いませんでした。ですから、教育者としての私個人へのコロナの影響はそれほど大きくありません。しかし、コロナはＩＴスキルを身につけるのに役立ちました。私たちは寄宿学校だったので、コロナの間もずっと学校を開けていました。

しかし、私が読んだ研究や同僚の経験からすると、コロナの最も大きな影響は小学校低学年の生徒の社会的スキルの発達にあったと思います。高学年の生徒はオンライン学習で対処できますが、社会的スキルの発達に対する悪影響は、認知スキルの発達の遅れとしても表れているようです。これを示唆する研究もあるようですが、それは理にかなっています。

したがって、教師が慣れていない状況で社会的スキルを身につけさせるのは大変な作業です。教師は、生徒が14歳、あるいは18歳の時点で特定の社会的スキルを身につけていることを期待しますが、生徒は期待どおりにはそれを身につけていません。

自分と同じ年齢で介護する人が周りにいないのに、どうやって思いやりのある人になることを学べるでしょうか。隔離され、孤立していては、協調性やリスクを取る能力さえも影響を受けます。つまり、多くの特性やスキルは、社会的で感情的なものです。

――PYPカリキュラムを見ると、社会的スキル、感情的スキル、調査スキルなど、さまざまな細分化があります。若い学習者にとって、総合的な人間として自分の個性を確立することは本当に重要です。

ディクソン　そうですね、多様性のある他者と関わる能力は、国際バカロレア（ＩＢ）の非常に大きな側面です。コロナ禍の3年間はそれがとても難しかったと思います。

――本日は貴重なお時間と深い洞察をいただき、本当にありがとうございました。

第4章

Aoba－BBTによる教育改革の取り組み

1 アオバジャパン・インターナショナルスクールのあゆみ

創立は1976年

アオバジャパン・インターナショナルスクールは、1976年に日系アメリカ人のレジーナ・土井氏によって設立されました。当初は5歳以下の子どもたちを対象とした英会話学校としてスタートし、東京都目黒区の青葉台に初めてのキャンパスがオープンしたため、校名は「アオバ・インターナショナルスクール」と名づけられました。その後、第二のキャンパスを都内に開設し、小学校・中学校に相当する「ジャパン・インターナショナルスクール」も設立されました。

この２つの学校は、生徒数が増加するにつれて、より大きなキャンパスが必要となり、最終的に両校を統合して移転することとなりました。その際に、２つの名前を合わせて「アオバジャパン・インターナショナルスクール」と改名されました。現在も目黒区青葉台の校舎は「目黒キャンパス」として使用されています。

インターナショナルスクールで幼小中高の一貫教育を提供することの意義

日本における幼児から高校生までの教育といえば、小学校から中学校、高校までの12年間を思い浮かべる方が多いでしょう。２０２４年現在、一部の自治体では所得制限付きで高校の授業料無償化が進んでおり、高校教育が義務教育に近い位置づけに移行しつつあります。これに3年間の幼稚園教育を加えると、子どもが15年間学ぶことが一般的になってきました。

しかし、重要なのは、この15年間を単なる年数の積み重ねとして捉えるのではなく、その期間全体を通してどのような学びを提供し、生徒の成長を促すかという一貫した教育設計を行うことです。特にインターナショナルスクールにおいては、こうした全体的な視点からのカリキュラム設計が大きな意義を持ちます。

私が2013年にインターナショナルスクールの経営に参画した理由は、日本の未来を築くために必要なパッションと行動力を持つ人材を育成することが不可欠だと感じたからです。「株式会社が運営するインターナショナルスクール」という形態を選んだ理由は、私が理想とする国際教育には一貫したカリキュラムが必須であり、従来の日本の教育制度には限界があると考えたからです。特に、国際的な視野を持ったリーダーを育てるためには、より柔軟で自由な教育プログラムが必要です。その理由を以下の3つにまとめました。

①スキルやナレッジだけでは補うことのできないマインドセットを育む

アオバジャパン・インターナショナルスクールでは、「5つのコア・バリュー」を掲げ、生徒が卒業するまでに身につけるべき資質を明確にし、そのためのカリキュラムを設計しています。この5つのコア・バリューとは、以下のとおりです。

・グローバルなリーダーシップを発揮できる人
・問題解決能力を持つ人

図7　ビジネス・ブレークスルー大学院が定めるディプロマ・ポリシー

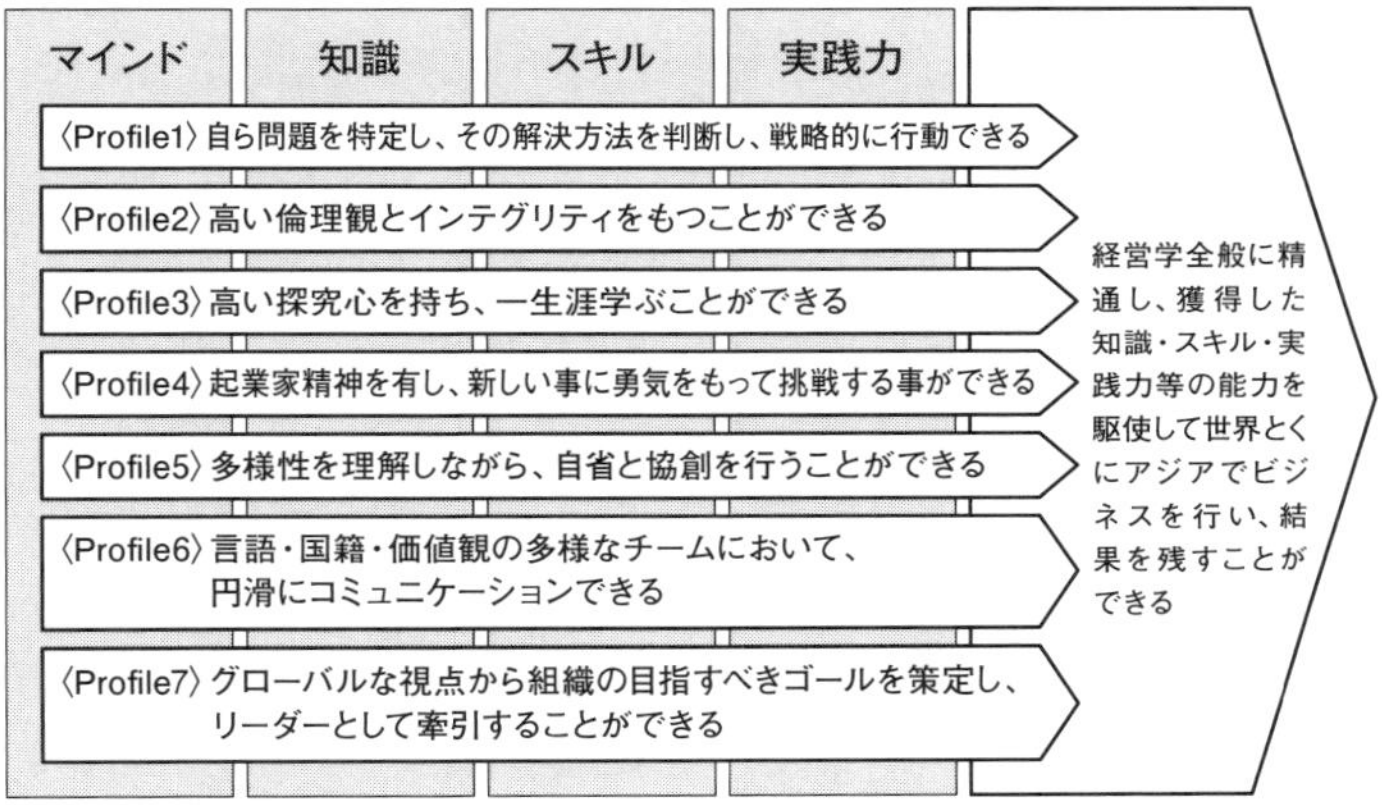

・多様な人々と効果的なコミュニケーションができる人
・リスクを取って挑戦できる人
・起業家精神を持ち、イノベーションを起こすことができる人

これらのコア・バリューは、もともと弊社が運営するビジネス・ブレークスルー大学で求められる人材像（図7）に基づいており、それをインターナショナルスクールの文脈に合わせてアレンジしました。ビジネス・ブレークスルー大学は、グローバルリーダーを育成することを目指し、経営学を中心に「マインド」「知識」「スキル」「実践力」を総合的に学び、アジアや世界で成果を出せる人材を育てています。

加えて、私自身が思い描くリーダー像には、世界で活躍する著名人たちに共通する要素があります。たとえば、野茂英雄さんやイチローさんのようなスポーツ選手、経営者の孫正義さん、そしてピアニストの辻井伸行さんといった方々には、問題解決能力やリスクを取る勇気、他者とのコミュニケーション能力が欠かせません。野茂さんが「任意引退」を選択し、リスクを負ってメジャーリーグに挑戦した姿や、イチローさんの論理的で明快な自己表現は、まさにその一例です。これらの要素をインターナショナルスクールのカリキュラムに取り入れることで、生徒たちがグローバルな視野と精神を養う環境を整えています。

②全人教育と専門教育の両面で人間としての軸をつくる

インターナショナルスクールにおいて、全人教育（人格形成を重視した教育）と専門教育（特定分野の専門知識を深める教育）の両面で生徒をサポートすることは重要です。特に高校時代は、人格や価値観が形成される時期であり、この段階で全人教育を通じて社会的責任感やコミュニケーション能力、リーダーシップを育むことが欠かせません。

一方で、専門教育は生徒の将来のキャリア形成において重要です。生徒が自身の興味を追究し、専門的な知識や技術を習得することで、強みを活かして社会に貢献できる人材へと成長します。アオバジャパン・インターナショナルスクールでは、生徒の興味や関心に応じた専門的な学びを提供し、彼らが個性とスキルを最大限に発揮できる環境を整えています。

③学ぶことの目的、知を得たときの喜び、学び方を知る

アオバジャパン・インターナショナルスクールのカリキュラムは、生徒が一生涯にわたって学び続ける人になることを目指しています。学ぶことの目的や知識を得たときの喜びを伝え、単なる知識の習得にとどまらず、学びを通じて自己を成長させることを目標としています。

この教育方針は、生徒たちが受験や偏差値にとらわれず、自分の興味を探究し続けることができる環境を整えるための基礎となっています。たとえば、国際バカロレア（ＩＢ）のカリキュラムを採用し、英語で多国籍のクラスメイトと一緒に学ぶことにより、グローバルな視野を自然に身につけることができるのです。

このようにして、15年間の一貫したカリキュラムを通して、学びの本質を追究し、自己の成長と社会への貢献を目指す人材を育成しています。

２０１２年に経営参画、現在は都内に12校へ

アオバジャパン・インターナショナルスクールは、設立当初から幼小中高の一貫校だったわけではありません。前述したとおり、最初は幼稚園からスタートし、年々生徒が上の学年に進級するにつれて、需要に応える形で次第に拡張していきました。私が経営に参画した２０１３年の段階では中学校までで、高校はごく少人数が通信制で学ぶ形でした。

２０１３年秋、株式会社Ａｏｂａ‐ＢＢＴ（当時の社名は株式会社ビジネス・ブレークスルー）が経営に参画し、最初の改革として国際バカロレア（ＩＢ）のカリキュラムを幼小中高すべてに導入することを決定しました。同時に、教員組織の強化を進め、校長、副校長、カリキュラムコーディネーターなどの新しい人材を採用し、国際バカロレア（ＩＢ）教育を実施するための基盤を整えました。

２０１３年当時、アオバジャパン・インターナショナルスクールのキャンパスは東京都目黒区青葉台と同練馬区光が丘の２カ所だけでしたが、現在ではグループ校も含めた拠点が12カ所にまで増加しました。私たちが経営参画した約10年の間に、平均して年に１カ所ずつ新しい拠点を開設してきた計算になります。

具体的には、当初は目黒キャンパスと光が丘キャンパスの2拠点でしたが、その後、文京区駒込に高校部門を移し「文京キャンパス」を設立しました。さらに、幼稚園であるサマーヒルインターナショナルスクールを港区麻布台に開設し、バイリンガルプリスクールを芝浦、早稲田、晴海、三鷹、中野、下目黒、用賀に次々と設立しました。また、幼小中高一貫校である「ムサシインターナショナルスクール・トウキョウ」もグループに加わり、ケンブリッジ国際カリキュラム認定を受ける数少ない学校としての地位を確立しています。

経営参画時から教育の三拍子「カリキュラム」「教員」「クラスメイト」に着手

アオバジャパン・インターナショナルスクールにおいて、私たちは経営参画時から教育の質を高めるための取り組みを開始しました。その中でも、まず注力したのは「カリキュラム」「教員」「クラスメイト」の三拍子を揃えることです。これらの3要素は、学校の成功に欠かせない基盤であり、それぞれが互いに強化し合う関係にあります。

最初に行った重要な決定の一つは、国際バカロレア（ＩＢ）の導入です。国際バカロレア（ＩＢ）の導入は、世界標準のカリキュラムを提供するための戦略的な選択でした。しかし、この高度なカリキュラムを支えるためには、それにふさわしい教員組織の構築が必要不可欠です。そのため、私たちは優秀な教員を確保し、育成することに注力しました。

優れた教員を揃えるためには、当然ながら先行投資が必要です。そして、質の高い教員だけでなく、高度な学問に挑戦する意欲のある生徒を集めるためのマーケティング活動も強化しました。これにより、学校運営における「良い教員」「良いカリキュラム」「良いクラスメイト」という３つの基盤を揃えることを目指しました。

学校の運営における意思決定は、教育理念、コミュニティの健全性、学びの効果、そして財務的な健全性のバランスをとることが重要です。親御さんやステークホルダーとの対話を通じて、透明性を持った双方向のガバナンスを進めることが、学校全体の成功につながります。

もちろん、他の学校においてはアプローチが異なる場合もあります。たとえば、入学基準を高く設定し「良いクラスメイト」を優先的に揃える方法もありますが、これは入学者数の減少につながり、学校運営の収益に影響を与えるリスクがあります。

一方、教員の育成に徹底的に注力し、その後にカリキュラムを教員に合わせて整備するというアプローチもありますが、急激な教員の入れ替えが学校の安定性やブランドイメージに悪影響を及ぼす可能性もあります。この点で、「教員の育成」と「カリキュラム整備」が密接に連携し、適切なバランスを保つことが重要です。

結局のところ、学校運営の成功は、「良い教員」「良いカリキュラム」「良いクラスメイト」の３要素をバランスよく整え、それぞれを強化し続けることにかかっています。これらの要素が互いに補完し合うことで、質の高い教育が実現されるのです。

2　ＩＢＤＰとＧＬＤのハイブリッドカリキュラム

国際バカロレア（ＩＢ）はオールラウンドのカリキュラム構成

国際バカロレア（ＩＢ）は、幅広い教科を網羅するオールラウンドなカリキュラムを提供し、特に「実社会の問題をどう解決するか」に焦点を当てた学びが特徴です。

たとえば、「軽量で丈夫、スピードの出るスケートボードをつくりたい」と考える生徒がいる場合、素材の選定や形状設計を行い、数学的に実証するための実験を行います。数学の幾何、代数、三角関数、さらに物理学の知識が必要となり、生徒はこれらを学びながら、リアルな問題解決に取り組むことになります。

また、「バスケットボールのスリーポイントシュートを上達させたい」と考える生徒は、ビデオ解析を活用してシュートの角度や力を分析し、そのデータを基に最適なシュート方法を見つけ出します。このプロセスには、数学や統計学、データ解析のスキルが必要であり、国際バカロレア（ＩＢ）の数学教育は単なる公式の暗記ではなく、実際の事象を数値に置き換え、論理的に解決する能力を養うことに重点を置いています。

国際バカロレア（ＩＢ）はオールラウンドな教育を提供する一方で、卒業後に実社会で直接価値を持つ内容にも重点を置いています。たとえば、高校課程のディプロマ・プログラム（ＤＰ）では、数学のカリキュラムが確率と統計に集中し、三角関数は希望者のみが学ぶ選択制になっています。これは、日本の高校で数学Ⅲが選択制になっている状況に似ています。

ただし、国際バカロレア（ＩＢ）は広範な知識とスキルを提供するものの、特定分野に特化した才能を伸ばすには限界があるという指摘もあります。芸術やスポーツなど、特定の分野で突出した才能を持つ生徒には、それに応じた特化型のカリキュラムが求められます。

アオバジャパン・インターナショナルスクールでは、創立者レジーナ・土井氏の音楽家としての背景もあり、文化や芸能分野で活躍する卒業生を多く輩出しています。高等部では、国際バカロレア・ディプロマ・プログラム（ＩＢＤＰ）に加え、独自に構築されたグローバル・リーダーシップ・ディプロマ（ＧＬＤ）という選択肢も提供しています。

このＧＬＤは、将来のキャリアを逆算して設計されたカリキュラムで、特定分野に強い関心を持つ生徒の専門性を高めるために構成されています。ＩＢＤＰとは異なり、ＧＬＤは生徒の個別の目標に合わせた柔軟な教育を提供しており、個々の生徒のニーズに応じたサポートを行います。アオバジャパン・インターナショナルスクールは、国際的な教育評価機関であるＣＩＳ（Council of International Schools）およびＮＥＡＳＣ（New England Association of Schools and Colleges）の認定を受けており、卒業証書は国際的に評価されています。この認定により、生徒たちは日本国内だけでなく、世界中の大学へ進学する道が開かれています。日本の大学も、これらの認定を受けた教育機関の卒業生に対し、大学入学資格を認めています。

最近では、プロゴルファーを目指す日本人女子生徒がＧＬＤを選択し、オーストラリアを拠点にゴルフツアーに参加しています。彼女は、将来アメリカの大学に進学してアスリートとしてのキャリアを積むことを目指しており、学業とスポーツを両立するためにＧＬＤのカリキュラムを活用しています。このように、ＧＬＤは生徒一人ひとりのキャリア目標に合わせた柔軟な学びを提供し、個々の成功を支援しています。

ＩＢＤＰとＧＬＤはどちらもグローバルな視野を持つ教育を提供していますが、異なる強みを持っています。ＩＢＤＰは幅広い知識とスキルをバランスよく習得するためのオールラウンドな学びを提供するのに対し、ＧＬＤは生徒の興味やキャリア目標に特化したカリキュラムを通じて専門性を高めることを重視しています。両者はそれぞれのアプローチで生徒を支援し、グローバル社会で活躍するための土台を築いているのです。

インターナショナルスクール卒業後の進路

インターナショナルスクールの卒業生は、国際的な舞台でその才能を発揮し、多様なキャリアを築いています。アオバジャパン・インターナショナルスクールの卒業生も例外ではなく、それぞれが自身の情熱と目標に基づき、さまざまな道を歩んでいます。

当校では、ＡＩ分野で起業を目指し、テクノロジーを活用して社会課題の解決に取り組む生徒や、日本の伝統工芸を世界に広め、文化交流とビジネスを融合させたビジョンを実現しようとする生徒など、多様な目標を持った生徒が育っています。また、複数国に移住し得てきた経験やアオバ入学後も多国籍な生徒と学びをともにしてきた経験を活かし、異なるバックグラウンドの人々と協働しながら国際的なキャリアを追求する生徒もいます。さらに、当校のオンラインプログラムを利用しながら、オーストラリアでプロゴルファーを目指して活躍している生徒もいます。

このように、当校の学びの環境は、地理的な制約を超え、生徒たちが個々の目標に沿って自由に成長できるように設計されています。

当校の卒業生は、世界中の名門大学にも進学しており、タイムズ・ハイヤー・エデュケーション（THE）が発表する「世界大学ランキング」で高く評価される大学にも合格しています（図8）。

進学先は、理工系、医療、環境学、心理学などの科学分野から、ビジネス、法学、文学、教育などといった文系分野、芸術、スポーツ、料理、音楽といったクリエイティブ分野に至るまで多岐にわたります。生徒一人ひとりの興味や関心に応じて幅広い学びの場が提供されており、そのキャリアパスも個性と情熱に基づいて支援されています。

当校の教育方針は、単にランキング上位校への進学を目指すだけではありません。生徒がそれぞれの「Passion（情熱）」を追求し、自ら学び、将来の目標に向かって主体的に進路を選択できるようサポートすることが当校の目指す教育です。この方針の下、当校では生徒が自己表現力や探究心を磨き、卒業後も自分の情熱を反映した分野で成果を上げられるような環境が整っています。

図8　アオバジャパン・インターナショナルスクール歴代卒業生の大学合格実績

海外大学

国・地域	大学名	ランキング
アメリカ	カリフォルニア大学　バークレー校	8
イギリス	インペリアル・カレッジ・ロンドン	9
アメリカ	シカゴ大学	14
カナダ	トロント大学	21
イギリス	ユニバーシティ・カレッジ・ロンドン	22
アメリカ	ミシガン大学　アナーバー校	22
アメリカ	カーネギーメロン大学	24
アメリカ	ワシントン大学	25
イギリス	エジンバラ大学	29
アメリカ	ニューヨーク大学	33
アメリカ	カリフォルニア大学　サンディエゴ校	34
香港	香港大学	35
イギリス	キングス・カレッジ・ロンドン	36
オーストラリア	メルボルン大学	39
カナダ	ブリティッシュコロンビア大学	41
カナダ	マギル大学	45
アメリカ	イリノイ大学　アーバナ・シャンペーン校	46

※2024年8月時点のタイムズハイヤーエデュケーション（THE）「世界大学ランキング」を参照した実績

国内大学

大学名	ランキング
東北大学	1
東京大学	2
大阪大学	3
名古屋大学	8
筑波大学	9
国際基督教大学	10
慶応義塾大学	12
早稲田大学	14
東京医科歯科大学（※2024年10月から東京科技大学）	17
岡山大学	21
立命館アジア太平洋大学	22
上智大学	22
会津大学	24

※2024年8月時点のタイムズハイヤーエデュケーション（THE）「日本大学ランキング」を参照した実績

アオバジャパン・インターナショナルスクール

キャンパス紹介

国際バカロレア教育（ＩＢ）の実際について理解を深めていただくために、アオバジャパン・インターナショナルスクールが都内に有する２つのキャンパスの様子を写真付きで紹介します。児童・生徒の35％は両親とも日本人、35％は日本人と外国人、残りの30％が両親とも外国人の子女という内訳です。授業はすべて英語で行われています。

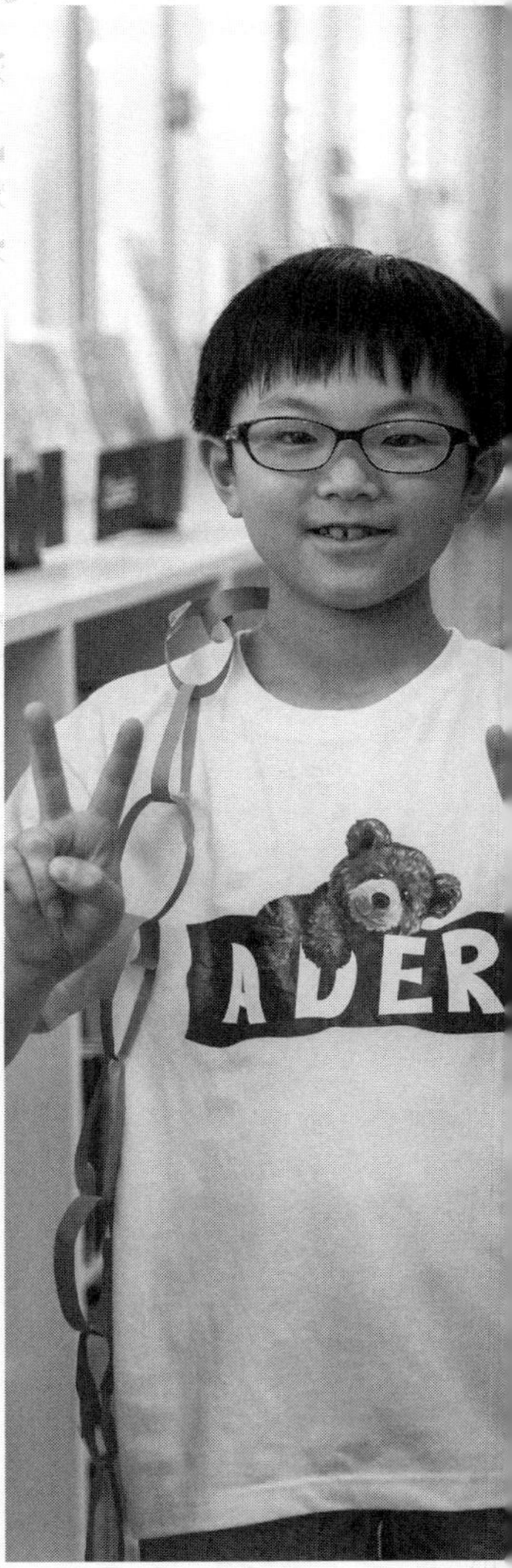

光が丘キャンパス

光が丘キャンパスでは、３歳から5歳を対象とした異年齢合同の幼稚部（Ｋ３－Ｋ５）、初等部（Ｇ１－Ｇ６）、および中等部（Ｇ７－Ｇ９）向けの教育プログラムを提供しています。２０２４年10月現在、５７３名の児童・生徒が学んでいます。

このキャンパスはもともと公立小学校として使われていた校舎を賃借しており、外装にはかつての学校の面影が残っていますが、内装は大幅に改装され、世界標準の教育

光が丘キャンパスは都心から30分、都営大江戸線光が丘駅から徒歩15分の場所に位置しています。

を提供するのに適した教育環境を整えています。また、給食室の設備が整っているため、キャンパス内で調理された温かいランチが提供されるのも特色の一つです。

児童・生徒は通常、ホームルームで活動を行いますが、美術、音楽、化学などの専門教科においては、専門の教室で専門教員による授業も受けます。授業内容は各教員に裁量が委ねられており、教室のレイアウトも授業のニーズに応じて柔軟に変更できる可動式の什器を取り入れることで、より創造的かつ自由な学びが実現されています。

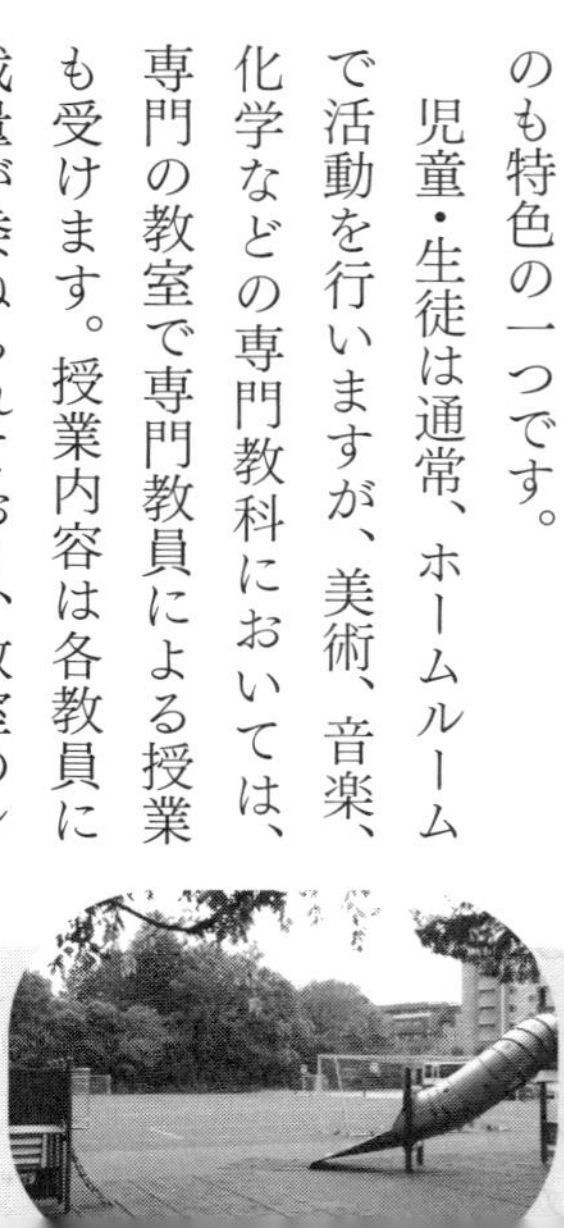

教室と廊下を隔てる壁は透明にして、オープン性を維持しつつ遮音性を高めています。また、ミュージカルやダンスの発表にも利用する体育館は、本格的な音響設備や冷暖房装置を導入しています。

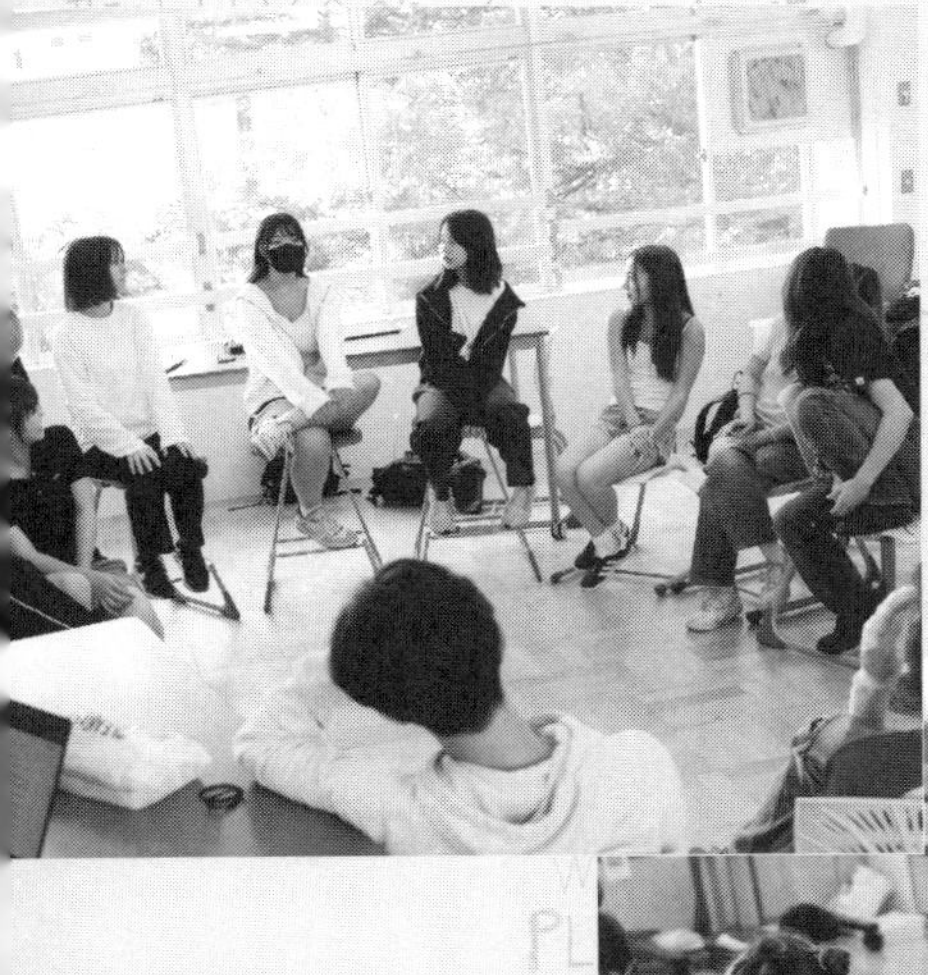

授業の内容や教員の指導スタイルに合わせて、教室はフレキシブルに形を変えます。

校内の至るところに、国際バカロレア（IB）の「ラーナープロファイル（学習者像）」を掲示し、教員も生徒も常にその理念を意識できるようにしています。

学習内容には教員の個性が反映されます。また同じテーマを、内容を変えて繰り返し扱い学びを深めます。たとえば現在の「sharing the planet」は、小学3年では人間の活動が生物に与える影響について、小学4年ではエネルギー源と有効活用について、小学5年では自然環境が修正可能であることについて学びます。

ロビーやカフェテリアは生徒たちにとって人気の場所で、いつも活気に満ちています。

文京キャンパス

文京キャンパスでは、高等部1年生から3年生（G10－G12）までの教育プログラムを提供しています。生徒数の増加に伴い光が丘キャンパスが手狭になったことから、高等部（10年生～12年生）を文京学院大学女子中学校高等学校の校舎へ移転することになりました。この新しいキャンパスは2022年1月に開校し、JR山手線の駒込駅から徒歩5分という好立地にあり、2024年10月現在、138名の生徒が学んでいます。

文京キャンパスでは、標準的なボックス型の教

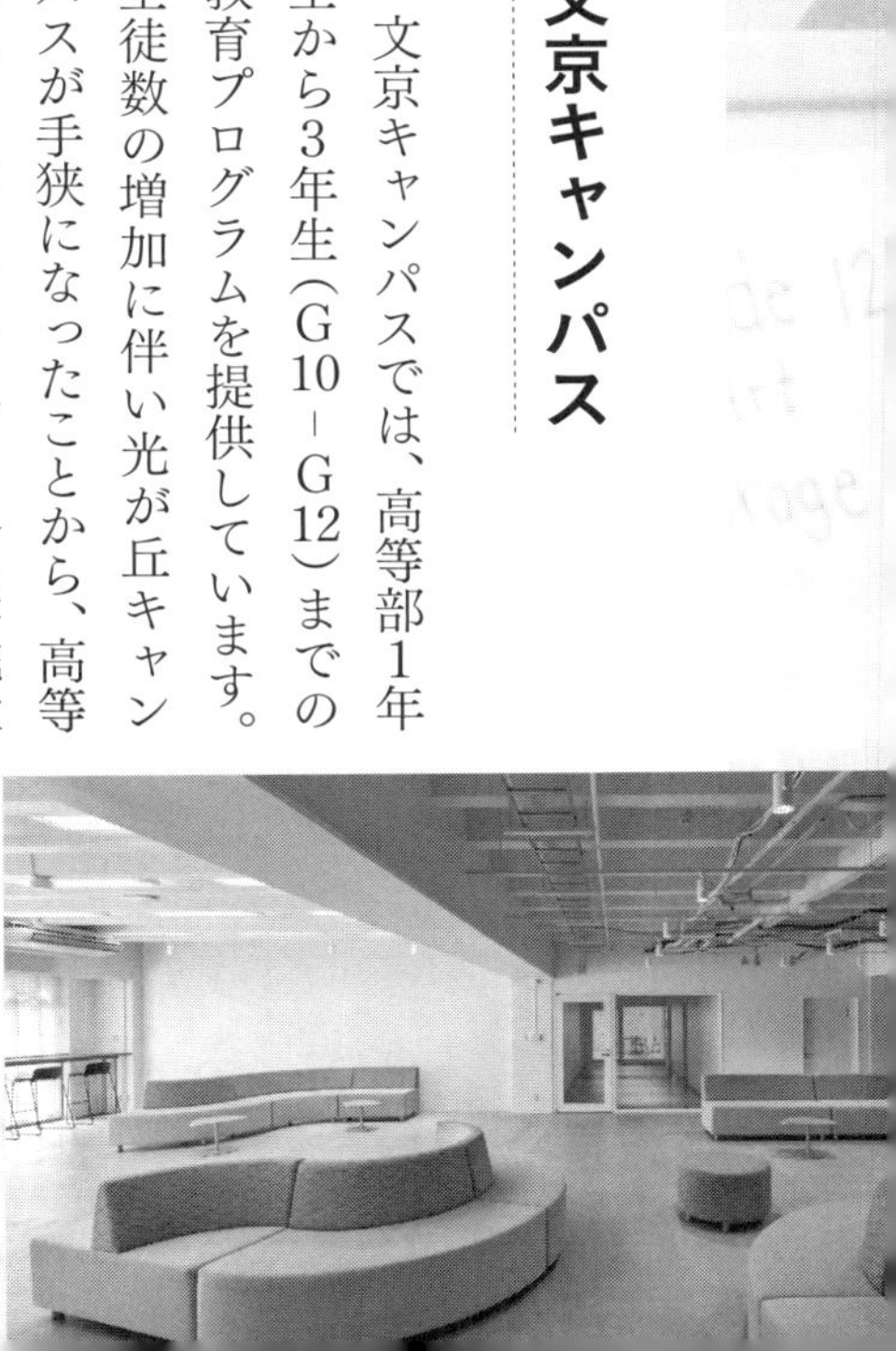

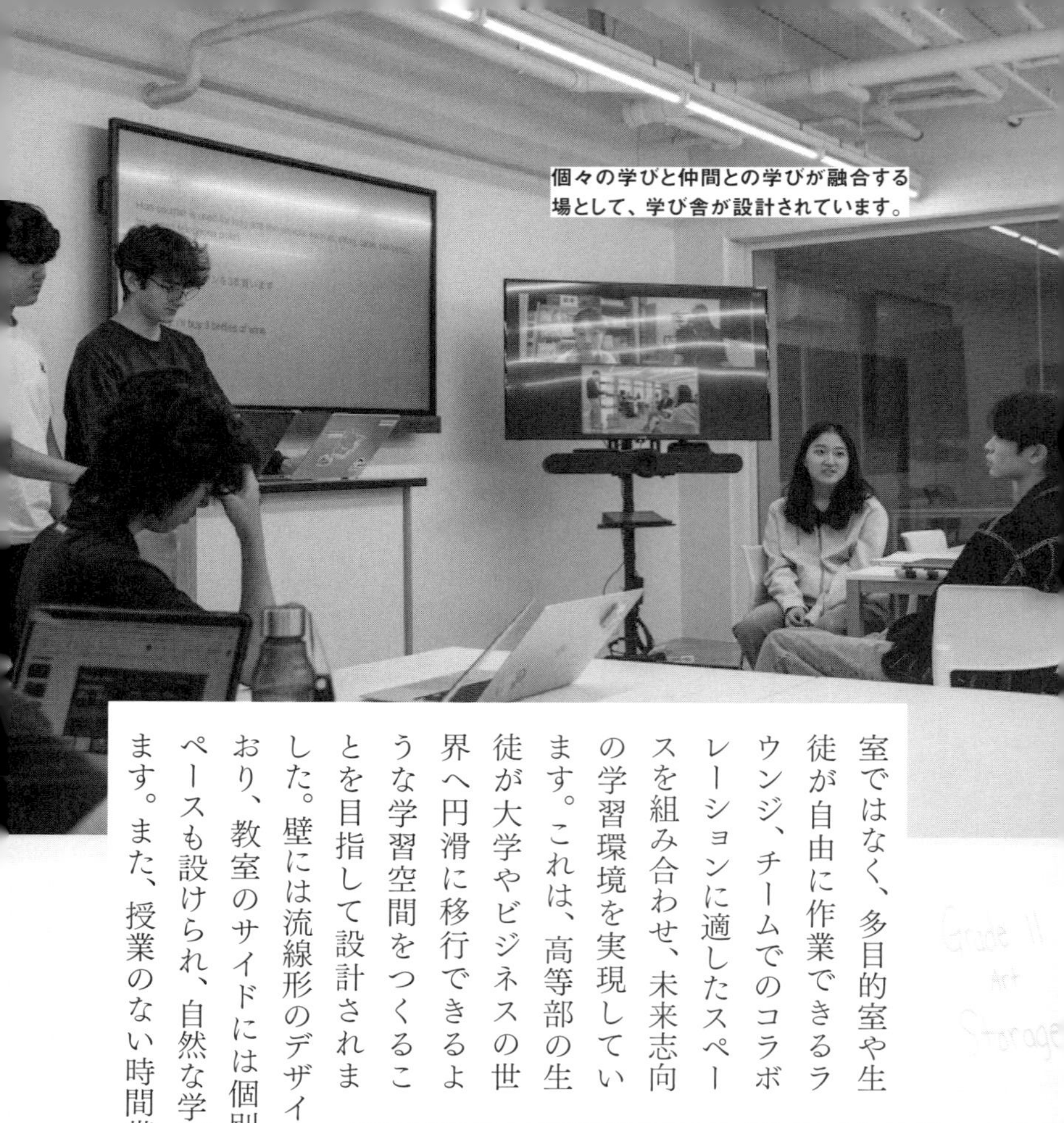

個々の学びと仲間との学びが融合する場として、学び舎が設計されています。

室ではなく、多目的室や生徒が自由に作業できるラウンジ、チームでのコラボレーションに適したスペースを組み合わせ、未来志向の学習環境を実現しています。これは、高等部の生徒が大学やビジネスの世界へ円滑に移行できるような学習空間をつくることを目指して設計されました。壁には流線形のデザインが取り入れられており、教室のサイドには個別のミーティングスペースも設けられ、自然な学びの場を提供しています。また、授業のない時間帯には生徒たちはロ

ブラックボックスシアター、防音音楽スタジオ、マルチメディアルームなどが設置されており、ダンス、映像制作、VR（仮想現実）、eスポーツなどに関心を持つ生徒たちで常に賑わっています。

和室（茶室）も設けられており、休憩時間や日本文化の体験活動に利用されています。

ビーやカフェテリアなどのオープンスペースで自由に過ごすことができ、これにより生徒たちは自主的に学びや活動に取り組む環境が整っています。

高等部のカリキュラムは、国際バカロレア・ディプロマ・プログラム（IBDP）またはアオバ・グローバル・リーダーシップ・ディプロマ（GLD）のいずれかを選択でき、生徒たちは自身の目標に応じた専門的な学びと、専任アドバイザーのサポートを受けることができます。

さらに、アオバではハイブリッドな学習環境を採用しており、生徒たちは学校に登校する以外に、自宅やその他の場所でオンラインにて学ぶことを選択することができます。これにより、生徒は自分のペースで学び、未来に向けて自律的な学習習慣を身につけることができるのです。

3　国際バカロレア（ＩＢ）推進校としてのリーダーシップ

国際バカロレア（ＩＢ）認定校200校達成に向けたコンソーシアム事業とその成果

２０２１年６月、日本政府は閣議決定により、国内の国際バカロレア（ＩＢ）認定校を２００校に拡大する計画を発表しました。

この目標を実現するため、文部科学省は２０１８年から２０２３年までの５年間にわたって「ＩＢ教育推進コンソーシアム」事業を展開しました。この事業の運営は、アオバジャパン・インターナショナルスクールが文部科学省から受託して実施し、２０２３年度には２００校が国際バカロレア（ＩＢ）認定を獲得、政府が掲げた目標は無事に達成されました。この結果に私たちは大きな達成感を抱いています。

文部科学省がＩＢ教育推進コンソーシアムを通じて積極的に国際バカロレア（ＩＢ）を推進した背景には、日本国内の教育改革の喫緊の課題がありました。

従来の暗記中心の教育から脱却し、生徒一人ひとりが自らのテーマに基づき、深く探究しながら学びを進める「探究学習（※注釈1）」への移行が求められていたのです。コンソーシアムの活動を通じて、北海道から沖縄に至るまでの多くの地域で、小中高の学校における国際バカロレア（ＩＢ）コースの導入が進み、国内の教育改革が加速しました。

また、日本国内の主要な大学も、国際バカロレア（ＩＢ）の意義を認識し始めています。いくつかの大学では、国際バカロレア（ＩＢ）の最終試験スコアを受験要件の一部として導入するなど、徐々にＩＢ教育が国内の高等教育機関にも浸透しつつあります。

ＩＢ教育推進コンソーシアムの活動は、２０２３年に第1フェーズを終え、現在は第2フェーズに移行しています。数量的な目標である２００校の認定は達成しましたが、第2フェーズでは、ＩＴやデジタルテクノロジーの活用によってさらに教育の質を高め、より先進的な学びの環境を提供することが求められています。これからの5年間で、さらに多くの学校が国際バカロレア（ＩＢ）教育を通じて探究型の学び（※注釈2）を提供できるようになることを期待しています。

※注釈
1.「探究学習」……文部科学省が定義する日本型の探究学習、つまり、学習指導要領に基づくものとして使用する。
2.「探究型学習」……国際バカロレア（ＩＢ）など国際的なカリキュラムや他の教育モデルにおける探究的な学びを指す際に使用する。

半導体ＴＳＭＣの日本進出と九州ルーテル学院との連携

Ａｏｂａ‐ＢＢＴでは、10年前から首都圏でインターナショナルスクールを直接運営し、国際バカロレア（ＩＢ）教育の実践を通じて蓄積したノウハウを、オンライン学習を通じて広く提供するためのプラットフォームを開発してきました。これにより、日本全国やアジアの学校に世界標準のカリキュラムを届けることを目指してきました。

２０１９年末からの新型コロナウイルスのパンデミックにより、日本国内でも全国の学校がオンラインや通信教育に移行せざるを得ない状況となりました。しかし、Ａｏｂａ-ＢＢＴは、もともとオンライン教育に大きな投資をしてきたため、この厳しい時期でもスムーズに学びを提供することができました。オンライン教育の利便性と可能性が改めて実証された期間でもありました。

２０２２年には、世界最大の半導体製造受託企業である台湾のＴＳＭＣが、熊本県菊陽町に１兆円規模の工場を設立することが決定しました。この大規模な進出に伴い、台湾から日本に赴任する技術者の子息が学ぶインターナショナルスクールの設立が急務となり、九州ルーテル学院大学内に国際科を設けるプロジェクトが発足しました。Ａｏｂａ-ＢＢＴもこのプロジェクトに協力し、幼小中の国際科を熊本で提供するほか、高校についてはアオバジャパン・インターナショナルスクールのオンラインコースを利用できるようにしました。

２０２３年には、オンライン課程の第１号卒業生を送り出すことができました。この卒業生はＴＳＭＣの社員の子息であり、今回のプロジェクトの象徴的な成功例となりました。今後も、オンラインとテクノロジーを活用した国際バカロレア（ＩＢ）教育の可能性は無限に広がると確信しています。

オンライン教育の進展はまだ始まったばかりですが、すでに「ＣｈａｔＧＰＴ」などの生成ＡＩが私たちの生活やビジネスにどのような影響を与えるかが注目されています。これからの10年間で、国際教育とテクノロジーが融合することで、私たちが今はまだ想像し得ないような新たな学びの形が実現するでしょう。卒業生がこの環境から生まれ、海外の著名な大学に進学していることを考えると、教育の未来には非常に大きな可能性が秘められていると期待しています。

インタビュー③

流動的・グローバルな人材獲得を目指す 国際バカロレア（IB）カリキュラムの原点

ケビン・ペイジ Kevin Page

アオバジャパン・インターナショナルスクール アドバイザリーボードメンバー

教育指導者、教師、校長、ディレクターとして30年以上にわたり、国際教育に携わる。カリキュラム開発、人員配置、ガバナンス、予算管理、認定プロセスにおける学校の指導など、幅広い経験を持っている。また、予備および5年ごとの認定訪問のチームリーダーを務め、認定レポートの読み手としても活躍。校長として、政府、地方自治体、大使館、認定機関、国際機関との外部関係を構築。管理者またはコンサルタントとして勤務したさまざまな学校で、PYP、MYP、DPの3つの国際バカロレア（IB）プログラムの導入に成功し、関連プログラムの開発を管理してきた。スタッフの採用、新規のインターナショナルスクールの設計、学校の買収と再建に関するアドバイス、学校施設の活用の最適化に尽力。能力の構築、プログラムの管理、学校におけるグローバルな視点とリーダーシップの育成の促進に大きく貢献。専門的な経験はアジア、中東、ヨーロッパに及ぶ。

本書の主要テーマの一つ、国際バカロレア（ＩＢ）のカリキュラムの設計にはどのようなバックグラウンドがあるのでしょうか。スイスに本部を置く国際バカロレア（ＩＢ）認定校「インターナショナルスクール・オブ・ベルン」の名誉校長を務めるケビン・ペイジ氏にお話をうかがいました。

――本日は、国際バカロレア（ＩＢ）カリキュラム、スイスの国際教育、ペイジさんとペイジさんのチームがＰＹＰ（プライマリー・イヤーズ・プログラム）をどのように設計したのかという経験、そしてアオバジャパン・インターナショナルスクールを含む日本のインターナショナルスクールについての見解をお聞きしたいと思います。

ペイジ　わかりました。国際バカロレア（ＩＢ）カリキュラムとスイスの国際教育について見てみると、ＤＰ（ディプロマ・プログラム）と非常に密接な関係があるように思います。まず、そこから始めましょうか。

国際バカロレア（ＩＢ）カリキュラムは、ジュネーブ国際学校（エコランとも呼ばれる）で策定、開発されました。１９６０年代に同校は国際バカロレア・ディプロマ・プログラム

（ＩＢＤＰ）を作成し、初年度は１９６８年でした。このプログラムを作成した教師たちは、バランスのとれた教育を学生に提供し、地理的および文化的流動性を促進するプログラムが必要だと感じました。１９６０年代にはすでに留学生は流動的になると見なしていたからです。そのため、学校から学校へ、あるいはインターナショナルスクールからインターナショナルスクールへ転校できるプログラムが必要でした。

国際バカロレア・ディプロマ・プログラム（ＩＢＤＰ）をつくったのは、他の1~2校のインターナショナルスクールと連携したスタッフでした。先ほども述べたように、彼らはこれを活用して、生徒が文化的、地理的に流動的になり、世界的な理解を促進できるようにすることを検討していました。それが、彼らが取り組んだ哲学の一部でした。

その後も、国際バカロレア・ディプロマ・プログラム（ＩＢＤＰ）は発展を続けました。最初の2年間は英語のみでしたが、その後はフランス語でも受験できるようになりました。そして現在はスペイン語などさまざまな言語で受験することができます。特定の科目なら日本語でも受験できます。

したがって、国際バカロレア（ＩＢ）はここスイスのジュネーブ国際学校から発展したのです。教師たちが生徒のニーズについて考えることから始まりました。それが国際バカロレア（ＩＢ）の哲学であり、長年にわたる国際バカロレア（ＩＢ）の発展を左右してきたのだと思います。

国際バカロレア（ＩＢ）は当初からスイスのジュネーブにオフィスを構えていました。国際バカロレア機構（ＩＢＯ）は今もスイスに登録されていますが、国際バカロレア（ＩＢ）オフィスは数年前にアメリカのベセスダに移転しました。現在、国際バカロレア（ＩＢ）プログラムはそこで運営されています。

――ディプロマ・プログラム（ＤＰ）がジュネーブ国際学校で開発された経緯をお聞きしていると、もともとは国際機関やネスレのようなグローバル企業で働くエリート家庭の子どもたちのために開発されたものだったのでしょうか？

ペイジ　その答えは、インターナショナルスクールが設立された経緯から考える必要があります。ジュネーブ国際学校は、第一次世界大戦終結後の１９２４年に設立されました。戦争に反対し平和を目指す環境を人々につくり、さまざまな国籍や信仰体系を持つ子どもたちが一緒に学べるようにするという全体的な考えの下に設立されたのです。

――スイスはとても質の高いユニークな国で、多言語の歴史と文化を持っています。ですから、地元の学校教育も多言語で行われていると思いますし、スイスの地域によっては、英語に加えてフランス語、ドイツ語、イタリア語が話されています。ですから、地元の学校に通う子どもたちも最終的にはマルチリンガル、あるいはトリリンガルになるでしょう。そのような状況で、ディプロマ・プログラム（ＤＰ）や国際バカロレア（ＩＢ）教育は、国家カリキュラムで提供される教育と比べて、どのような点で際立っているのでしょうか。あるいは、どのような点で異なるのでしょうか。

ペイジ　スイスの特徴の一つは、各州が小学校、中学校、高校までの独自の教育制度に責任を負っていることです。連邦教育は大学だけです。大学はある意味では連邦政府によって管理されています。そのため、各州は独自の教育プログラムを開発できます。ただし、ここ数年は州間のプログラムの調和を図り、学生が州間をより簡単に移動できるようにするために、協力が進んでいます。

もちろん１００％成功しているわけではありません。特定の州では簡単には実現しません。そして、柴田さんが指摘したように、問題の一つは言語です。フランス語圏の州では、生徒が必ずしもドイツ語を話せるとは限りません。一部の州では英語に重点が置かれていることがあります。ドイツ語圏の州でも同様に、第二言語がフランス語ではなく英語である場合があります。そのため、スイス国内で家族が移動するのは容易ではありません。州間の教育制度の違いにより、親は仕事で州から州へ簡単に移動することはできませんでした。なぜなら、このような状況では、日本やイギリス、オーストラリア、ニュージーランドのような全国的な教育制度があるところほど学校間の移動は簡単ではなかったからです。

ＰＹＰは、生徒が何を知っておくべきか、どのように知識を習得するかに焦点を当てている

――ＩＢＤＰのカリキュラムを、たとえば日本の高校生向けの国家カリキュラムと比較すると、両者には大きな違いと類似点が見られます。しかし、ＰＹＰと日本の小学生向けカリキュラムを比較すると、類似点はほとんど見当たらず、違いがたくさんあります。実際、ＰＹＰのカリキュラムの枠組みは、あたかも地球以外の惑星から来た存在のように、まったく異なります。「私たちは誰なのか、どのように自分を表現するのか」といった、学際的なテーマと重要な質問。時間と場所の中で私たちはどこにいるのか。これらの基本的な質問が、ＰＹＰのすべてのカリキュラムの根底にあります。これは大きな価値であり、教師が調整する課題でもあります。これが、ペイジさんとペイジさんのチームが作成したプログラムの本質だと思います。では、なぜＰＹＰはそれほど異なっているのでしょうか。また、なぜそうであることが重要だったのでしょうか。

ペイジ　私たちは他のあらゆる教育システムを検討しました。私たちのグループには、イングランドやウェールズの国家カリキュラム、オーストラリア、アメリカのさまざまなプログラムを代表する人々がいました。そして、私たちは生徒の探究に焦点を当てたい、生徒を指導し教科書から脱却したいと考えました。

その背景には、私が小学校レベルのインターナショナルスクールの校長を務めていたときの経験があります。

私たちが信じていたのは、生徒が学ぶための情報源は一つではないということでした。もちろん、これはグーグルが登場する前の話です。私たちは生徒が研究できるように十分な蔵書を備えた図書館が必要だと考えていました。研究は教育に不可欠だからです。生徒たちが異なる情報源を見ているときに、何が起こったのかについての解釈が異なる可能性があることに気づくことができるようにするためです。そして、これらは、一つの情報源が必ずしも唯一の情報源ではなく、どの情報源から得た情報も慎重に考える必要があることを生徒に理解させるための議論のポイントでした。これは、特にソーシャルメディアが抱える多くの問題に直面している今日の学生たちにしっかりと教える必要があります。

そして、このプログラムを設計するにあたって、私がニュージーランドで教えていたときの方法を思い出しました。私たちには、すべてを教えてくれる教科書はありませんでした。

科学の分野で何かを学ぶときに、英文学を取り入れたり、数学を取り入れたりすることができました。このようにして、私たちは既存の教育システムにあるさまざまな要素をプログラムに取り入れました。それがＰＹＰの力の一つだと思います。

新カリキュラムをスムーズに導入するためには、教師管理とクライアント管理が重要

——ＰＹＰは極めてユニークなカリキュラムで、人間の探究心の核心に深く迫るものなので、プログラムやカリキュラム、教授法は伝統的な考え方を持つ伝統的な教師にとってはハードルが高いものです。多くの教師は、教科書があり、黒板とチョークがある限り、１ページ目、２ページ目、３ページ目と順番に教えればいいからです。しかし、ＰＹＰはまったく異なります。子どもたちには、教科書を信じるのではなく、批判的思考者になることを教えます。では、ＰＹＰの導入は、ペイジさんのチームやペイジさん自身にとって簡単でしたか。

ペイジ　とても挑戦的で有意義な経験でした。私が働いていたいくつかの学校の話をしましょう。ある学校では、本当にこのプログラムにのめり込んだ先生がいました。彼女は私にこう言いました。

「これらの教科書は大学の教授によって書かれていて、彼らは私たちよりも多くのことを知っているのに、なぜ私たちがこれを使わなければならないのですか」

私はそのときのことを決して忘れません。

しかし、私がそれをスタッフに伝えると、ほとんどの人が「これは自分たちも参加できるからいいことだ」と言いました。私たちはただ教科書を配るだけではありません。自分たちも授業に参加できるし、自分たちにとってもよいことだとわかりました。本当にこのプログラムにのめり込んだ先生がいました。彼女はビジネスの世界からキャリアをスタートし、後に教師になりました。彼女は保護者にもこのプログラムをとても上手に紹介しました。保護者を調査プログラムに呼んで、教室でのさまざまな実践を保護者に説明しました。保護者も学び、カリキュラムを理解することができました。そして、保護者は私たちが何をしているのか、なぜそれをしているのかをよりよく理解するようになりました。

一方で、困難に直面する人もいました。ボンドインターナショナルスクールでこのプログラムを紹介していたとき、国際教育の経験がある新任の先生が何人かいたことを覚えています。アメリカ国防総省の学校プログラムに参加していた先生もいました。彼らは適応するのに苦労しました。私は彼らと多くの時間を過ごさなければなりませんでした。

ここに唯一の正解はありません。そして、それは議論につながります。「ここはあなたにとって適切な場所ですか？」そして、もちろん、教師を雇うときに最初に行う議論です。彼らの指導スタイル、教育哲学、信念、教室での取り組み方を知る必要があります。その教師がプロジェクトベースのアプローチの環境で働いていたのであれば、国際バカロレア（ＩＢ）初等教育プログラムに適応できるでしょう。しかし、もし彼らが教科書に厳密に従う学校から来ているのであれば、その人が国際バカロレア（ＩＢ）学校で働くことができる人ではないことはおそらくわかるでしょう。

異なる学年や教科の教師が互いに交流し、可能な限り最高の教育を提供するという継続の重要性

――次の質問です。あなたが長年校長を務められたベルンのインターナショナルスクールでは、ＰＹＰ、ＭＹＰ、ＤＰのすべてのプログラムが国際バカロレア（ＩＢ）認定を受けています。小学校から高校までのカリキュラムのパイプラインを統合することで、多くのメリットがあったため、そうしたのだと思います。そして、日本にはディプロマ・プログラム（ＤＰ）専用の学校がたくさんあります。ＭＹＰ専用の学校や、ＭＹＰ卒業生を国内の高校に送ったり、国内の学校の小学生をＭＹＰに受け入れてディプロマ・プログラム（ＤＰ）につ

なげたりするにあたり、国際バカロレア（ＩＢ）と他のカリキュラムの性質はかなり異なると思いますので、年齢を重ねた生徒が適応するのは大変だと思います。

ペイジ　その点について、私が初めてインターナショナルスクールで教えたときのことを思い出します。１９８０年代、ジュネーブのインターナショナルスクールで、私はクラス担任をしていました。日本人の家族でした。その家族は父の仕事で日本に戻ったのですが、娘さんは東京の学校のシステムに適応するのに非常に苦労しました。親御さんは最終的に彼女を東京のインターナショナルスクールの一つに転校させました。

たとえば、ベルンでは、お父様はベルンを拠点とするヨーロッパとアジアを担当する世界有数の大企業の一つでトップを務めていました。彼がアメリカに戻って本社に配属されたとき、家族は国際バカロレア（ＩＢ）プログラムを実施している学校の近くに家を購入しました。彼らは国際バカロレア（ＩＢ）プログラムではない地元の学校システムに子どもを入れたくなかったのです。彼らは国際バカロレア（ＩＢ）プログラムにとても魅了されていました。

ＰＹＰとＭＹＰに関しては、異なるカリキュラムからの移行は比較的容易です。しかし、ディプロマ・プログラム（ＤＰ）に切り替わる段階で移行する子どもはほとんどいません。ディプロマ・プログラム（ＤＰ）は2年間のプログラムであり、移行を管理するのは非常に難しいからです。いずれにしても、生徒が学習を主導するシステムから、教師が生徒に何を学ぶべきかを指示するシステムに移行する際にギャップがあるのはたしかです。

――別の観点から見ると、ＰＹＰ、ＭＹＰ、ＤＰのＩＢプログラムを統合した学校の利点は何でしょうか。1年生から8年生、9年生までの国家カリキュラムから始めて、その後国際バカロレア（ＩＢ）に橋渡しするのですか。

ペイジ　そうですね、私は常にそれを連続体として見ていました。私がベルンに着任したとき、そこでは教科書を中心とした教育が行われていました。プログラムは3歳から始まります。教師たちは最善を尽くしていましたが、3歳児プログラムには教育的観点が欠けていました。小学校の教師も、中学校の教師も、それぞれ自分たちができる最大のことをやってくれていたと思います。しかしながら、それらはごちゃ混ぜで、学習に連続性はなく、学習について話し合うためにスタッフが集まることもありませんでした。そこで、ＰＹＰを導入することで、早期学習センターが3歳児と4歳児の教師を教えることにしたのです。5歳から10歳の子どもたちの教師も協力して、一緒に計画を立て、事前に何が起きているか、また、その後に何が起こるかを理解しました。そして、教科の教師だけではなく、音楽の教師、美術の教師、体育の教師、フランス語とドイツ語の教師、国語の教師も、このプログラムに関わっていました。つまり、年齢的にも学年レベルでも連続性があり、すべての教師が学習に対して同様のアプローチで関わっていたのです。

インターナショナルスクールにおけるテクノロジーの統合

――新型コロナは私たちの認識を完全に変えました。では、教室内での教師という人間の価値と、地球上で同じコンテンツを1秒で提供することができるテクノロジーの価値の違いをどうお考えですか。学校では、教師という人間とテクノロジーの両方をどのように活用すべきだと思いますか。

ペイジ　両者の統合システムです。どちら側から見ても最善のものは何か、教師が生徒と個人的な関係を築くことで得られる最善の要素は何か、テクノロジーは何を提供できるか。おっしゃるとおり、テクノロジーは教師にはできないことを数秒で実現することができます。これは学習プロセスを支援するもう一つのツールです。テクノロジーは、より詳細なリソースを提供できます。生徒にとっては、教師が手元に持っている情報よりも直接的で最新の情報を提供できます。しかし、教師は批判的思考の側面から生徒を直接指導することができます。教師自身が生徒と対話するだけでなく、他の生徒とともに学び、学んだことについて話し合ったり、その内容について疑問を抱いたり、これから何が起こるのかを想像したりする機会を提供することができます。テクノロジーが提供するものは人間がまとめたもので、さまざまなアプローチがあるからです。したがって、生徒が教師と対話するだけでなく、他の生徒と学び、学んだことについて話し合ったり、学習について疑問を抱いたり、これから何が起こるのかを疑問視したりする機会を持つことが重要です。私にとって、これは学習プロセスにおけるもう一つのツールです。

私たちがＰＹＰを始めたとき、最初のツールは生徒が利用できるさまざまなリソースを用意することでした。それらは主に書籍タイプのリソースでした。

その後、グーグルが登場し、ＰＹＰ、ＭＹＰ、ディプロマ・プログラム（ＤＰ）のいずれにおいても、特にディプロマレベルの課題論文を作成する際に、生徒がリサーチプロセスで使用できるもう一つのリソースができました。しかし、これらすべては、教育学習のためのツールパッケージの一部にすぎません。生徒がアクセスする学習リソースをまとめる作業に教師が関与することが重要だと思います。教師は、何が必要かを理解しているからです。場合によっては、教科書のアプローチに戻ることもできると思います。

子どもに最適な学習環境を選択するために、学校、カリキュラム、学校全体を理解することの重要性

――イギリスはとても興味深い国です。私の記憶では、イギリスの首相は最近、ＩＧＣＳＥやケンブリッジ国際よりも国際バカロレア（ＩＢ）を推進すべきだと発言しました。ケンブリッジ国際はもともとイギリスで考案され、誕生したにもかかわらずです。ＩＢＤＰの卒業生の多くはイギリスやヨーロッパの大学に進学しています。初期教育ではモンテッソーリやレッジョ・エミリアなど有名な教育方法もあります。親御さんに、これらのカリキュラムを比較したり選択したりすることをどうお勧めしますか。

ペイジ　私がいつも親御さんに言っていることの一つは、「学校に来て、プログラムを実際に見てください。生徒の1人か2人と話をしてみてください。ここがあなたの子どものための場所だと心の底から感じてください」ということです。そして、保護者は、学校とそのプログラムに納得する必要があります。

日本の親御さんの中には、自身の教育的背景から、日本の正式な教育制度を望んでいる人もいるでしょう。彼らは、国際バカロレア（ＩＢ）は遊びが多すぎて、真剣さが足りないと

見なすでしょう。そのため、たとえば探究の単元をまとめる際に行われる開発作業を見てもらう必要があります。あるいは、私たちは、プログラムがどのようなものかを親御さんに説明するために、定期的に保護者向けの説明会や朝会を行っていました。これは非常に重要なことです。

――本日はありがとうございました。

第5章

テクノロジーの進化と教育の未来

1　教育にテクノロジーを活用する意義

教育の目的は「全人教育」と「稼ぐ力の習得」

近年、教育分野におけるテクノロジーの活用が急速に進展しています。特にICT（情報通信技術）やAI（人工知能）の導入は、教育の未来を大きく変えつつあります。これらの進化する技術をどのように教育に組み込むかは、未来の教育システムを設計する上で極めて重要な課題です。今後、国際的な視点からも世界基準に適応した教育環境の整備がますます求められるでしょう。

教育の目的は、「全人教育」と「稼ぐ力の習得」の2つの側面に分けられます。全人教育の一環として、学生が幅広い知識や教養を獲得することが求められますが、現代社会ではこの

「教養」にはテクノロジーに関する知識と活用能力が欠かせません。情報の検索やデータ処理といった基本的なスキルを身につけることで、生徒たちは自立した生活や将来の職業生活においても必要な力を培うことができるのです。

①テクノロジーのスキル習得

パソコンやスマートフォン、ＡＩが日常生活に溶け込んだ今、学校教育でもこれらのツールを活用するスキルを育成することが求められます。生徒たちは、情報の検索やデータ処理、オンラインコミュニケーションといった基本的なデジタルスキルを習得するだけでなく、これらを応用して問題を解決したり、新たなアイデアを生み出したりする能力が必要です。また、テクノロジーには利便性と同時にリスクも伴うため、リスクマネジメントやデジタルエシックス（デジタル倫理）も含めた教育が重要です。

「教養の獲得」とは、次世代のリーダーとして必要な幅広い知識と倫理観、さらにテクノロジーを正しく理解し活用する力を身につけることを意味します。現代社会では、文系・理系を問わず、テクノロジーに関する知識とその活用スキルが欠かせない要素となっています。教育機関はこれを意識し、生徒たちに適切な技術の使い方を教える責務を負っています。

②学校におけるテクノロジーの活用

学校側にとってもテクノロジーを効果的に活用することは、生徒の学びを充実させるために不可欠です。オンライン教育やアダプティブラーニング（適応学習※185ページで詳述）の導入により、教育機関は個々の生徒に最適化された学習プログラムを提供できるようになりました。たとえば、ＡＩが生徒の学習進捗をリアルタイムで分析し、適切なフィードバックを提供することで、各生徒が自分に合ったペースで学び続けることが可能です。

たとえば、２０２２年に大きな注目を集めた「ＣｈａｔＧＰＴ」などの生成ＡＩは、世界中の産業に影響を与え、ビジネスモデルの再構築を促進しています。同様に、教育においても、特にインターナショナルスクールなど自由度の高い教育機関は、率先してテクノロジーを活用し、その可能性を探究するべきです。これにより、より多様で柔軟な学びの機会が提供されることになります。

Ａｏｂａ‐ＢＢＴが提供するオンラインプラットフォーム「AirCampus®」は、その一例です。このプラットフォームは、オンライン授業と対面授業を組み合わせた「ハイブリッドラーニング」を通じて、地理的な制約を超えた柔軟な学習を可能にしています。また、テクノロジーを活用することで、世界中の生徒に同じ質の教育を提供し、グローバルな視点を持ったリーダーの育成を目指しています。

2 教育のオンライン化とその影響

オンラインラーニングによる教授法の進化

Ａｏｂａ-ＢＢＴが１９９８年にオンライン教育を導入した背景には、「誰でも、いつでも、どこでも学べる」という教育への信念がありました。インターネットが日本で広く普及していない時期から、私たちは通学に頼らない学びの可能性を追求してきました。特に、仕事を続けながら学べる新しい教育モデルを提供するというビジョンを掲げてきました。

その後、教育における教授法（ペタゴジー）も進化し、以下のような新しい学習スタイルが生まれました。

・ブレンディッドラーニング……オンラインと対面授業を組み合わせ、生徒が自分に合った方法で学べる環境を提供

・アダプティブラーニング……学習者の進度や理解度に応じたカスタマイズされたプログラムを提供

・フリップトクラスルーム……事前にオンライン教材などを活用して自習を行い、教室ではその基礎知識をもとに応用演習やディスカッションを行う学習手法。日本では「反転学習」とも呼ばれている。

これらの手法により、個々の学習スタイルに応じた柔軟で効率的な学びが可能になりました。

世界の教育格差をなくす「パモジャ・オンライン」

これらの概念は、国際バカロレア（ＩＢ）教育にも早い段階から取り入れられてきました。その代表的な例が「パモジャ・オンライン（Pamoja Online）」です。カナダ人投資家ジョン・マッコール・マクベイン氏が支援したこのプロジェクトは、国際バカロレア（ＩＢ）のディプロマ課程をオンラインで提供することを目指し、２０１０年にスタートしました。この取り組みは、特に開発途上国や教員不足が問題となる地域において、質の高い教育を提供するために非常に有効です。

さらに、パモジャ・オンラインのようなオンラインプログラムは、単に地理的な制約を超えるだけでなく、世界中の講師や学生とリアルタイムでつながることができる点で、国際教育の促進に大きく貢献しています。異なる文化的背景や視点を持つ学生たちが、同じカリキュラムに沿って学ぶことで、国際的な視野を広げ、より多様な教育体験を提供しています。たとえば、ドバイの学校では、生徒たちが教室に集まり、フランスにいる教員とオンラインで授業を行う形式が導入されています。これにより、地理的制約を超えた教育機会の提供が実現されているのです。

このような国際的なネットワークを活用した学びは、特にインターナショナルスクールのようにカリキュラムが柔軟で、各学校で形式化されていない場合、テクノロジーの導入が容易であり、より革新的な教育モデルを実現する助けとなります。パモジャオンラインのようなプログラムは、世界中のどこにいても国際的に認められた教育を受けられる手段として、教育格差の解消に大きく貢献しています。

3　オンライン化する教育

100%オンラインディプロマ課程パイロット校に

教育のオンライン化は、国際バカロレア（ＩＢ）に限らず、広がりを見せています。日本の一条校では、角川ドワンゴ学園が運営するＮ高等学校グループが先進的なオンライン教育を実施しています。一方、インターナショナルスクールでは、アオバジャパン・インターナショナルスクールグループがトップランナーとしての地位を確立しています。

前節で紹介した「パモジャ・オンライン」は、学校というよりも「コンテンツプロバイダー」として誕生しました。このサービスは、国際バカロレア（ＩＢ）のカリキュラムをオンラインで提供する先駆けとなり、現在では国際バカロレア（ＩＢ）教育の未来を示す重要なモデルとなっています。アオバジャパン・インターナショナルスクールは、世界で5校のみ、アジアで唯一の100%オンラインディプロマ課程を認定されたパイロット校です。

私たちがこのパイロット校に選ばれた理由は、フルオンラインのインターナショナルスクールとして高校課程を提供したいという強い意志によります。これまで、アオバジャパン・インターナショナルスクールは東京に校舎を構え、通学できる生徒のみを対象としてきましたが、日本全国、さらには海外の生徒にも教育の機会を提供したいと考えていました。しかし、日本の全地域に物理的な学校を建設するのは現実的には困難です。そのため、オンラインを通じた教育提供こそが最善の解決策と判断しました。

オンラインによって、地理的制約に関係なく、世界中どこにいても優れた教育を受けられることが可能となります。特に、地方や海外に住む生徒たちにとって、国際教育の選択肢が広がることは大きな意義を持っています。また、将来的にはオンラインと対面授業を組み合わせた「ブレンディッド・ラーニング」の教育を提供することも視野に入れており、東京での対面教育とオンラインを組み合わせた柔軟な学習形態が可能となるでしょう。

教育のオンライン化への流れは止まらない

オンラインによる教育の提供は、世界中で急速に広がりを見せており、今後もその流れが止まることはないでしょう。特に、コロナ禍の影響でオンライン学習が急速に普及したことで、キャンパスに通学しなくても質の高い教育が可能であるということが広く認識されました。これにより、オンライン教育は一時的な対応策ではなく、未来の学びの主流として定着しつつあります。

また、オンライン教育は、生徒一人ひとりの学習ペースに合わせた柔軟な学びを提供できるため、働きながら学びたい社会人や、自分のペースで勉強したい生徒にとって理想的な学習環境です。これからの社会では、職業人として世界中の人々とオンラインでコラボレーションし、価値を創造する時代が訪れるため、オンライン教育を通じてグローバルな学びの経験を積むことが不可欠となるでしょう。

4　AIによって広がる教育の可能性

AIが個人の学習ファシリテーターに

オンライン教育の発展に加えて、AIの進化が教育の未来をさらに広げています。特にアダプティブラーニングにおいて、AIは学習者一人ひとりの学習進度や理解度に合わせて最適な学習プランを提供するファシリテーターの役割を果たしています。AIを活用することで、生徒がどの部分でつまずいているかを瞬時に判断し、個別にフィードバックや追加学習を提供することが可能です。これにより、生徒は自分に最適なペースで学習を進められ、効果的な教育を受けることができます。さらに、AIは学習グループの編成においても、生徒の学習スタイルやニーズに基づき、最適なグループを形成することができます。こうしたA

Iの支援により、従来の一律的な教育ではなく、個別最適化された学びが実現するでしょう。

ＡＩの進化に伴い、教育現場では新しい学びの形が生まれています。ＡＩの役割を整理すると、主に以下の３つに分けられます。

①アダプティブラーニングサポートＡＩ

生徒の学習進捗をリアルタイムでモニタリングし、個別に最適な学習プランを提供するＡＩです。これにより、各生徒が自分に合ったペースで学び、つまずいたポイントに適したサポートを受けられます。

②生成ＡＩ（例：ＣｈａｔＧＰＴ）

生徒の質問に応じたり、文章作成やアイデア生成を支援するＡＩです。生成ＡＩは生徒が新たな視点を得たり、創造力を伸ばす場面で有効です。たとえば、ＣｈａｔＧＰＴは生徒がアイデアを練る際や、課題に取り組む際のサポート役として活用されています。

③評価サポートＡＩ

試験や課題の自動採点を行うＡＩです。これにより、教師の負担が軽減されるだけでなく、正確で公平なフィードバックが生徒に提供されます。特に大規模なオンラインコースでは、評価サポートＡＩの導入が学習の効率を飛躍的に向上させます。

ＡＩはかつての電卓と同じ存在になる

生成ＡＩである「ＣｈａｔＧＰＴ」は、今後さらに精度を向上させ、教育分野における重要なツールとしての役割を果たしていくでしょう。たとえば、２０２４年に行われた実験では、ＣｈａｔＧＰＴが東京大学の二次試験を解答し、英語の試験で非常に高い得点を記録しました。これにより、特定の分野においてはＡＩが人間に匹敵する学習支援を提供できることが明らかになっています。

もちろん、現時点ではすべての分野でＡＩが完璧な解答を提供できるわけではなく、文系数学のように抽象的な概念や曖昧さを含む非定型的な問題、または文章を読み解き、論理的推論を用いて結論を導くような問題など苦手な分野もあります。

しかし、ＡＩ技術の進化に伴い、今後はより多くの分野でＡＩが教育に活用されることが予想されます。すでにビジネスや他の産業では、ＡＩが労働力を補完する存在として活用されており、教育現場においてもその役割はますます大きくなっていくでしょう。

教育界では、ＡＩの使用に対して賛否が分かれていますが、かつて電卓が数学教育に取り入れられたように、ＡＩもまた学びの一部として受け入れられるべきだと考えます。ＡＩは、特に情報処理やデータ分析の分野ですでにその力を発揮しており、教育機関もＡＩを積極的に導入することで、生徒がより効果的に学べる環境を整えることが求められます。

ＡＩ活用のリスクと課題

ＡＩの活用には可能性とともにリスクも伴います。ＡＩが教育の中心になりすぎると、創造的な思考や自立した問題解決能力が損なわれる可能性があります。たとえば、電卓が数学教育に大きな影響を与えたように、ＡＩが課題解決の中心となることで、現在の課題形式の価値が失われるリスクがあります。

このリスクに対して、スタンフォード大学やハーバード大学などの世界トップクラスの大学では、ＡＩを活用しつつも、そのリスクを軽減するための対策が進められています。たとえば、スタンフォード大学では、ＡＩを活用したリアルタイムフィードバックや評価システムが開発されており、教師のサポート役として機能しつつ、学習者の主体的な学びを奨励しています。また、ハーバード大学では、ＡＩが学生の独創性や学問の倫理に与える影響についても深く考察されており、ＡＩと人間の協働による新しい学びの形が模索されています。

日本においては、ＡＩを活用した課題の評価に加え、ＡＩが解決できないような創造的な問題を含む教育手法が導入されています。たとえば、早稲田大学では、ＡＩの解答を評価させる課題や、ＡＩでは解決できないような高度な問題解決スキルを育む教育手法を実践しています。このような取り組みによって、学生はＡＩの補助を受けつつも、自らの創造性や思考力を磨くことができる環境が提供されています。これにより、ＡＩが学習の一部として機能しつつ、人間らしい学びを損なわないバランスが保たれています。

こうした国内外の事例からもわかるように、ＡＩは教育の形を変える可能性を秘めていますが、テクノロジーと人間らしい学びの両立を目指すことが重要です。生徒が将来のキャリアに向けて必要なスキルを習得し、グローバル社会で活躍できる人材となるためには、ＡＩを効果的に活用した教育が不可欠です。

インタビュー④

オンライン、ブレンディッド・ラーニングへの移行時のポイント

エドワード・ローレス　Edward Lawless

Learning & Innovation - Pre-University エグゼクティブディレクター

5大陸で35年の経験を持つ、さまざまなカリキュラムや教育組織に携わってきた熟練の教育専門家。現在はカタール財団の大学進学前教育の学習とイノベーション担当エグゼクティブディレクターを務める。以前は、AISLハロースクールの専門学習ディレクターや、東京を拠点とする非営利団体であるイノベーションセンターのディレクターなどを歴任。さらに、アオバジャパン・インターナショナルスクール（AJIS）グループの教育戦略ディレクターを務め、ブレンド型学習プラットフォームの開発と学校の成長を支援。また、パモジャ・エデュケーションの創設校長兼最高学術責任者として、国際バカロレア（IB）ディプロマ・プログラムのオンラインコースの開発を主導。また、国際バカロレア（IB）アジア太平洋地域の専門能力開発責任者として、何千人もの国際バカロレア（IB）教師と管理者のトレーニングを監

督する重要な役割を果たした。

本書では、インターナショナルスクールや国際バカロレア（ＩＢ）といった国際人教育のほかに、未来の教育の姿としてオンライン／ブレンディッド・ラーニングについて考察しています。この分野で豊富な経験や見識を持つエドワード・ローレス氏にお話をうかがいました。

オンライン／ブレンディッド・ラーニングへの移行時に考慮すべき重要なポイント

――本日はローレスさんの職歴、特に国際バカロレア（ＩＢ）での経歴、専門能力開発、さらにパモジャ・オンラインやアオバジャパン・インターナショナルスクール（以下、ＡＪＩＳ）での経歴、そして現在のお仕事を通して、教育とテクノロジーの未来についてお聞きしたいと思います。私の知る限り、あなたはこのテーマについて議論するのに最も適した人物の一人です。

また、特に現在の地政学的状況や西側先進諸国の方向性の変化の中で、国際バカロレア（IB）を含む国際教育が現在直面している課題や問題についての見解もお聞きしたいと思います。さらに、オンライン教育やテクノロジーベースの教育の機会と可能性について、あなたの見解もお聞きしたいと思います。最後に、AJISでのあなたの経歴と、日本の教育におけるAJISの成果、そして将来の課題について見解をお聞きしたいと思います。

ローレス　オンライン教育への移行に関しては、私がパモジャとＡＪＩＳで学んだことに基づいて、５つのポイントを指摘したいと思います。

１つ目のポイントは、価値提案を定義することから始めることです。オンライン教育に取り組む前に、なぜそれを行うのかを自問する必要があります。第一に、この取り組みの目的は何なのか、代替的で進歩的な教育戦略を開発するための教育学的根拠はあるかということです。ＡＪＩＳでは、教育への革新的なアプローチを生み出すことが推進力の一つでした。第二に、オンライン教育を利用することで、運用コストを削減し、キャンパス全体の資産を活用できるのかということです。私たちは初期にそれを目標としていました。第三に、市場の範囲を拡大して収益を上げる商業的根拠はあるかということです。ＡＪＩＳの独自のカリキュラムであるグローバル・リーダーシップ・ディプロマ（ＧＬＤ）の目標の一つは、ＡＪ

ＩＳの特別なリソースを使用してグローバルに展開できるものを構築することでした。ＡＪＩＳで始めたとき、これら3つの根拠すべてが考慮されていたことを知ってうれしく思います。

2つ目のポイントは、あらゆる変化は破壊的であり、そうあるべきだということです。快適な環境から抜け出すことは成長にとって欠かせません。それは建設的な破壊的変化であること、そして人々を後退させるのではなく、前進させる変化であることを確認する必要があります。オンライン教育への移行に不可欠な要素は、変化を推奨する文化を確立し、リーダーシップチームが変化管理の基礎を理解し、知識を身につけて、前向きで建設的な変化を確実にすることです。

3つ目のポイントは、価値提案を定義したら、利害関係者のコミュニティがどこにいるのかを把握することです。これは、オンライン教育に対する教師の気質、能力、能力を理解することを意味します。私たちは初期に多くのことを学びました。また、オンライン教育の条件に基づいて新しいスタッフを採用し、ニーズに合ったプロフィールの人材を積極的に採用することも重要です。

さらに、生徒と保護者の立場を知ることも重要です。保護者が望んでいるかどうかを確認せずにオンライン学習やブレンド学習に全面的に取り組む組織もありますが、これは入学者の減少につながる可能性があります。同様に、生徒の能力を過大評価あるいは過小評価する組織もあります。一部の生徒は、特定のオンライン学習において教師よりも優れています。生徒、教師、保護者など、関係者がいる場所で会う必要があります。

そして、移行に本当に重要な4番目のポイントは、急進的になることを厭わないことです。言い換えれば、教師を再定義することから始まります。教師とは誰か？ 教師のプロフィールは何か？ 教師の仕事は何か？ これは私自身が直面した課題でもありました。特にOECD（経済協力開発機構）やユネスコ（国連教育科学文化機構）などの組織が、従来のレンガとモルタルの教育モデルはもはや拡張できないことを示している世界ではそうです。これは、アフリカ、ラテンアメリカ、北米、さらには日本の平均的な学生にも当てはまります。モデルが壊れている場合、それを修正しようとしますか、それとも再定義して最初からやり直そうとしますか？

オンライン教育への移行は大学だけでなく、K－12教育機関にとっても恐ろしい話です。そして、教師の再定義がまさに鍵だと信じています。規模とアクセスのためにそれを確立したら、テクノロジーが教師になることができます。言い換えれば、LMS（学習管理システム）がプロンプト、フィードバック、連絡、自動クイズ、形成的学習を提供するだけで、誰もが独学することができます。テクノロジーが教えてくれるだけでなく、仲間も教えてくれます。クラスを受講し、P2P（ピア・ツー・ピア）のサポートだけで、Aレベル試験などの試験に合格することができます。つまり、クラスメイトが私の先生になることができます。その後、家庭教師がつき、最終的にはカリキュラムで正式に認められた経験豊富な教師がつくことになります。

私がこの4段階を区別する理由は、教育のビジネスモデルにおける教育と学習の社会契約において、人的要素が最もコストがかかるからです。私の理想は、学生やクライアントの価格帯に応じて、必要な分だけ支払うことができるオンライン環境を構築することです。学習者は「わかりました。この価格帯からテクノロジーのみで始めます。次は仲間にアクセスしたいです。次は家庭教師が欲しいです。次は本格的な教師が欲しいです」と言って、グレードアップすることができます。教室での教育と学習という従来のパラダイムを手放し、学生が自分の習熟度や経済力を考慮して適切な学習段階を選べるようになれば、大きな違いが生まれます。ですから、私が挙げた4番目のポイントは、教師の役割とアイデンティティを再定義し、教育のパラダイムを変化させることです。

最後の5つ目のポイントは、拡張性と持続性を備えた条件を確保することです。これは、オンラインコースに関してスタッフが構築するすべてのものが標準に準拠し、スタッフの成果物ではなく、学校の成果物であることを確認することを意味します。このアプローチにより、スタッフはコースを教えるだけでなく、退職後もオンラインレッスンプランを持続的に開発できるようになります。こうすることで、使用可能なコースが倉庫の棚にどんどん蓄積されていきます。もう1つの重要な条件はすべての指導がモジュール化されていることです。これにより、カリキュラムを必要に応じて組み立て、分解し、収益化することができます。

オンライン学習は距離を問わない

——私がＡＪＩＳのキャンパスでローレスさんと働いていた日々、主に新型コロナのパンデミックが始まる前の数年間、私たちは危機が出現した時代の最終段階に直面していました。それ以前に、ローレスさんはすでに専門家としての道を歩み始めており、「距離の問題や、世界的に質の高い教育の需要と教育専門家の供給のギャップを克服する」という課題に取り組んでいました。あなたがパモジャ・オンラインを設立したのは新型コロナの流行前ですが、当時、距離を無関係にする解決策を果敢に追求していたのは、パモジャ・オンラインだけでした。

ローレス　そうです。アクセスがすべてであり、今もそうあるべきです。しかし、私はアクセスを距離だけでなく、コストも考慮に入れています。コストと距離の両面で質の高い教育を利用できるようにするにはどうすればよいか。オンライン開発で重要なのは、パジャモの場合もそうでしたが、デザイン思考を活用し、プロジェクト管理文化とデザイン思考文化を育むことです。これは、関係者全員が反復的で証拠に基づく成長にコミットしていることを意味します。開始時に結果がどうなるかわかっていると思っているプロジェクトは完全に間違っています。試行錯誤しながらリソースを投入し、進みながら学び、小さな一歩を踏み出す意欲が重要です。その一部は、フォーカスグループを通じて聴衆に耳を傾け、学生と教師にアンケートを取り、常に360度のフィードバックを求めることです。多くの組織はそうしていません。

オンライン／ブレンド型教育プラットフォームの開発と運営の課題

——デザイン思考、特にブレンド型学習について議論する場合、課題は、マインドセットの獲得、スキルの獲得、知識の獲得のプロセスを設計し、正しいマインドセット、適切なスキル、知識の3つすべてを統合することです。これらはいずれも学習を通して生徒にインプットされるものですが、教育では統合的に育まれる必要があります。実際の学校の環境では、主に教師がすべてを行います。しかし、ブレンド型学習やオンライン学習では、専門知識を取り入れられるようにこれをモジュール化することができます。また、対面授業で優れた能力を発揮する教師が、魅力的でエキサイティングなオンライン授業を行うのが必ずしも得意であるとは限りません。

ローレス　これは難しい部分です。パモジャの草創期には、実は伝統的なクラスサイズ、つまり国際バカロレア（ＩＢ）クラスサイズから始めたのです。率直に言って、パモジャのビジネスモデルは当初、ツールが過剰で費用がかかりすぎたために破綻しました。国際バカロレア（ＩＢ）はすべての伝統的な条件を譲ろうとはしませんでした。このまま続ければ破産するだろうと悟りました。最終的に国際バカロレア（ＩＢ）が主張した条件の一つは、12人から18人というクラスサイズでした。私たちは計算し、12人のクラスに教師を雇っても決して損益が均衡しないことに気づきました。

実在する学校では、生徒は毎日授業に集中しているふりをして後ろの席に座っていても、試験ではよい成績を収めているかもしれません。私たちが教師に求めていたのは、評価と評価に基づくフィードバックの2つだけでした。言い換えれば、教師は生徒の教科能力を把握し、その評価に基づいて個別のサポートとアドバイスを上手に提供できるようになる必要があります。これが最大の付加価値でした。

生徒一人ひとりに合わせた学習を可能にするモジュール型カリキュラムの開発

――有意義で価値のあるオンライン教育コンテンツを開発する取り組みを通じて、私たちは、科目ごとに異なる教育方法が必要であることを学びました。数学、言語A、言語B、自然科学、社会科学、音楽、体育、美術、ダンス、演劇などの科目には、それぞれ独自のアプローチが必要です。時には会話の練習をしたり、時には科学実験を行ったり、時には文学や本を調べたりする必要があります。科目が異なれば、教育方法の基盤となるインフラストラクチャも異なります。

ローレス　パモジャで得られた教訓の一つは、オンライン教育において一貫性と品質保証を確保するために、標準化された設計と配信に基づくモジュール開発が不可欠であるということです。この標準化は、学習者の年齢、スキルレベル、または教育目標に応じて柔軟に調整することが求められます。たとえば、幼い学習者には視覚的な補助ツールを使用し、高度な学習者には抽象的な概念の理解を深める教材が適しています。

言語学習においては、スキル別に適切な方法とツールを提供することが成功の鍵となります。言語学習には、文法、語彙、発音、読解、そして会話練習など多様なスキルが含まれ、それぞれに特化したアプローチが必要です。中でも「対話型の口頭学習」は、実践的な会話能力を向上させることを目的としており、言語学習全体の中核的な要素の一つです。このアプローチは、学習者がリアルタイムで応答を受ける環境を整備することで、自然な言語運用能力を習得する支援となります。

さらに、各スキルに適した技術的なツールの選定も重要です。たとえば、文法や語彙学習には、ＡＩベースの自動添削機能やドリル形式のクイズが有効です。一方で、発音練習には音声認識技術を活用したツールが効果的であり、会話スキルの向上には、ＡＩまたは実際の指導者とのインタラクティブな対話型システムが求められます。

中国語指導において明らかになった課題の一つは、文字を書くスキルの習得です。特に中国語や日本語のような表意文字を学ぶ際には、正確な筆順を理解し、繰り返し練習することが不可欠です。このため、デジタルスタイラスを用いた対話型教材を導入し、学習者が画面上で文字をなぞりながら練習し、リアルタイムのフィードバックを受けられる仕組みを整備しました。このアプローチは、学習者が効率的かつ正確に文字を書く能力を向上させるだけでなく、学習プロセスへのモチベーション向上にも寄与しました。

――それは本当の学習プロセスだと思います。本当に革新的な何かを実現したいのであれば、それは必要なプロセスです。もちろん、教育者、技術者、ビジネスパーソンとして、自分の快適ゾーンにとどまりたいと思うこともあるでしょう。それはそれでいいかもしれませんが、快適ゾーン内では、革新的または創造的なことは何も生まれません。

ローレス　まさにそのとおりです。では、パモジャの開発とその影響から得た教訓についてお話しします。私たちは、教育においてツールを使い過ぎないことが重要であると学びました。初期段階では、効果的に見えるツールや技術を多数導入しましたが、過剰なツールの使用は、教育効果よりも複雑性やコストの増加を招くことがわかりました。そのため、導入するツールや技術は、本当に必要で、学習効果を最大化するものに絞り込むことが重要です。

ツールを最小限にすることで、結果的に持続可能な教育モデルを構築する基盤が整います。ここで重要となるのが、ツールやコンテンツを設備投資として捉える視点です。柴田さんと私が初期段階で試みたのは、デジタル空間で開発されるものはすべて資産と考え、それを減価償却の観点で計画的に運用する必要があるとビジネスパーソンに理解してもらうことでした。この考え方に基づけば、導入したツールやコンテンツを3～5年または5～7年ごとに更新し、継続的に改善することが可能になります。

このプロセスにより、無駄を減らしながら質の高い教育を提供し続けることができると同時に、長期的なビジネスモデルを開発するための基盤を整えることができました。適切に選ばれたツールが持つ力を最大限に活用しながらも、必要以上に依存しないことが、私たちの持続可能な成長を支える鍵だったのです。

ＡＩが教育分野に与える影響

――ＣｈａｔＧＰＴのような生成ＡＩが人間と同じように話せるようになり、時には個人では提供できない情報（偽情報も含む）を提供できるようになったことについても興味があります。教師や教育者にとって重要な疑問が浮かび上がります。何ができるでしょうか？

ローレス　教師の再定義について話したとき、テクノロジーが教師になる可能性があり、チャットボットは特定のレベルの学生がまさに必要としているものであるかもしれないと述べました。テクノロジーは多くのタスクを処理できるため、教育で最も貴重で高価なリソースである教師の時間を節約することができます。教師の時間は貴重です。テクノロジーを使用して基本的な質問をフィルタリングし、教師がより高度なやり取りに集中できるようにすれば、教育は学生にとってよりアクセスしやすく、費用対効果の高いものになります。

――これまでは、高校の日本史など、教師が毎年同じ授業を繰り返していました。主な目的は知識を伝え、年表を暗記させることでした。その後、生徒は知識を実際の状況で応用する練習をしたり、試験対策やグループワークに取り組む必要があります。教師はその後、フィードバックをしたり、グループワークを評価したり、生徒の期末試験対策を支援したりします。教師の本当の価値はここにあり、ＡＩはこれに置き換えることはできません。

ローレス　そのとおりです。あなたが指摘したのは、私が言及していなかった重要な点です。伝統的な学校は急激な変化に苦労します。なぜなら、親を不安にさせる可能性があるからです。私たちは、同学年の集団による連続的で時系列的な学習スタイルが最良なモデルであるという考えに意義を唱える必要があります。15人または20人の生徒が、同じ給水所で同じスピードで一緒にマラソンを走っている教室を想像してください。当然、先に走りたい生徒もいれば、もっと休憩が必要な生徒もいます。先に走りたい生徒には時系列学習からコースを分離して、1年間で2年間のコースを修了できるようにしたらどうでしょうか。

――私は、他の学校にオンライン学習やブレンド型の導入を勧める前に、自分たちのリスクで、自分たちのキャンパスで、その学習方法が実現可能であることを証明することが重要だと考え、実店舗型の学校モデルから始めました。もし、私たちが物理的なキャンパスを持たない100％オンラインの組織だったなら、まったく異なるプロセスを経たかもしれません。パモジャ・オンラインは、世界中の国際バカロレア（IB）スクールに教育コンテンツを提供するデジタル組織でした。AJISと比較すると、市場の位置づけは少し異なりますが、同じ志と革新的な考え方を共有しています。

ローレス　そうですね。そして、最大の違いはコロナ前とコロナ後だと思います。今はオンライン学習が機能することが証明されています。魔法のランプから精霊が出てきてしまいました。政府は3年間100％オンライン学習を認めなければならなかったのに、今さらそれを認めないと言えるでしょうか？　それはもう終わりました。しかし、それでも国際バカロレア（IB）カリキュラムは、導入コストの大きさから採用されづらいものであることに変わりはないでしょう。AJISは、その世界的なリーダーシップにより、分解して自律的なものをつくるのに非常に良い立場にあります。パイオニアと提携して国際バカロレア・ディプロマ・プログラム（IBDP）をオンラインで提供した人々は、独自のコースを持つこともできます。それは、特に大量で低コストのシナリオでは、将来的に利益率の高いものになる可能性があります。

――本日はありがとうございました。

インタビュー⑤

テクノロジーが教育にもたらす影響と未来の学びのあり方

金丸敏幸　Toshiyuki Kanamaru

京都大学 国際高等教育院附属国際学術言語教育センター 准教授

京都大学総合人間学部卒、京都大学博士（人間・環境学）。京都大学大学院人間・環境学研究科助教を経て、2014年4月より現職。ICT（情報通信技術）やAI（人工知能）、特に自然言語処理の技術を外国語教育に導入し、教材や教授法、評価の改善に取り組んでいる。京都大学全学共通科目の英語カリキュラム改定に関わり、新入生全員が利用する英語eラーニングシステム「GORILLA」を開発、その運用に携わる。著書に、『京大・学術語彙データベース基本英単語1100』（研究社：共著）、『TOEFL ITP®テスト公式テスト問題&学習ガイド』（研究社：共著）などがある。現在、一般社団法人大学英語教育学会（JACET）理事、一般社団法人言語処理学会（NLP）理事。

金丸敏幸先生は、英語をはじめとする外国語教育におけるＡＩなどのテクノロジーの活用について研究されておられます。テクノロジーがもたらすデジタル化や個別化がもたらす教育の新しい姿、そして未来の学びのあり方について、お話をうかがいました。

対話型生成ＡＩ最大の特徴は、学習者との対話

――金丸先生とは２０２３年に、弊社Ａｏｂａ‐ＢＢＴのユーチューブチャンネルにて、教育の未来、特にＡＩ（人工知能）が教育に与えるインパクトについて対談をさせていただいたことがあります。当時はちょうど生成ＡＩ「ＣｈａｔＧＰＴ３・５」がリリースされて、世界中がその話題で持ちきりでした。現在もＡＩがホットワードである状況は変わらないと認識しています。そこで、テクノロジーと教育の関係を専門に研究されている金丸先生に、現在取り組まれている研究テーマについて、まずお聞かせいただけますでしょうか。

金丸　現在取り組んでいる研究テーマは、生成ＡＩを英語などの外国語教育にどのように活

かしていくのかを、広い視点から考えていくことです。テクニカルに具体的な活用方法を探るということよりも、「ＡＩによって教育がどのように変わっていくのか」という、少し俯瞰的な立場から研究を行っています。私は元々、京都大学の学生のために大学向けの単語集を作成したり、ｅラーニングのリスニング教材を開発したりするための研究を行ってきましたが、その中で教育は教員の属人的なウェートが強いところがあると考えるようになりました。たとえば、中学校や高等学校の教員はみな教員試験に合格して免許を取得しているので、科目に関する指導技能や知識は持っているわけですが、いわゆる名物教員とそうでない教員との間には授業の面白さやわかりやすさに差があります。また、単語集も以前はベテラン教員の長年の経験や判断で主観的に単語がセレクトされていましたが、大学でよく読まれている学術論文誌に使われている単語をテクノロジーを使って分析していけば、より客観的かつ効率的なものをつくることができます。このようにテクノロジーを上手に活用すれば、より効果的に教育の水準を高めていくことができるのではないかと考えました。近年の生成ＡＩの登場についても、学習者全体の底上げを図っていくための基礎になればと考えています。

——なるほど、京都大学の中で閲覧頻度が高い学術論文のボキャブラリーを一つの母集団として、その中から学習していけば、一人のカリスマ教員がつくるカリキュラムよりも、はるかに網羅的あるいは生産的なものになるのではないかという発想ですね。

金丸 はい。さらに、サイエンスの世界では当たり前の発想ですが、データがあって、なおかつ分析の方法がオープンになっていれば、誰が見ても成果の善し悪しを判断することができます。時代が変わっても同じようなやり方で内容をアップデートしていくことにもつながります。私自身は教育のプロフェッショナルとは言えませんが、このような工学的なアプローチで支援することで、優れた教員の方々がご自身の得意な分野に注力したり、活動の幅が広がったりするのではないかと考えています。

――従来は教員が生徒に対面で教える形の学び方が大前提であり、その補完として教科書や最近ではPCやタブレットなどが使われているわけですが、今後は生成AIが人間と同じレベルに発展していく技術的なポテンシャルを持っているのであれば、教育の提供の仕方も人間プラスαになっていくと捉えていいのでしょうか?

金丸 生成AIがとりわけ個別学習に有効であるという話はよく見聞きしますし、実際そのとおりだと思いますが、私は若干異なる見方をしています。というのは、生成AIの登場以前にも、柴田さんがおっしゃったように教科書や動画で個人が学ぶことは可能でしたし、昔ながらの塾や家庭教師なども含めれば、個別学習の環境自体はあったと言えます。では、何が生成ＡＩならではの特徴であるかというと、学習者の話をある意味、聞いてくれることにあると思います。教えるだけなら1対多でできますから、何人いても1回分の時間で済みます。しかし、生徒一人ひとりの話を聞くとすると、40人いたら40人分の時間がかかります。これが生成ＡＩの登場によって変わりました。生徒一人ひとりが生成ＡＩと個別にやり取りし、それを教員が見ることで、まとめて話を聞くことが可能になります。これは教育における大きな技術的革新です。学習者一人ひとりがどんなことを考えているのか、どんなことを問題として捉えているのか、どんなことに興味を持っているのか、といったことを可視化、言語化できるようになったことが、生成ＡＩ、とりわけ対話型生成ＡＩの教育面での大きな特徴ではないかと思います。

ＡＩと学習者が協働して学ぶ

――学習のプロセスをシンプルに考えた場合、学習者が何らかの知識やスキルをインプットして自分なりに消化し、そして特定の問題や課題を解決するために考察したり、あるいは自分がよく理解していない事象を自分なりに理解して、自分なりの言葉でアウトプットしたりするわけですが、その際に誰かと対話する必要が出てくると思います。対話型の生成ＡＩであれば、インプットとアウトプットの両方をすることができるので、学習の効果が劇的に変わる可能性があるのではないでしょうか。あるいは、教員がそれを学習者一人ひとりに対してやり続けることは物理的に不可能なので、新しい教育の可能性が広がるのではないかと思います。

金丸 おっしゃるとおりです。私は以前、教育にＡＩを導入する際には、いわゆる教育の社会構成的な考え方からＡＩと学習者が協働して学ぶことが非常に重要だという話をしました。柴田さんが今おっしゃられたように、「協働して学ぶ」ためには自分で考えたことを表現し、対話するプロセスがどうしても必要になります。最近は、この考え方に基づいて学習者同士で学び合うことの重要性が注目されてきましたが、今後はその対話を生成ＡＩが受け持ってくれるようになります。学習者と対話できる点が教育における生成ＡＩ導入の一つのメリットであり、生成ＡＩとこれまでのテクノロジーとの違いだと思います。これまでも学習者がどれぐらい理解できているかは、テストやレポートなどで把握することが可能でしたが、生成ＡＩであればそれがより頻繁かつ具体的にわかるようになります。

――そうしますと、金丸先生が考えるＡＩだけが提供できる教育上の価値とは、学習者一人ひとりと相対しながら対話型で学習者の学びを促進していくことができる点にあるということですね。生身の教員では1対40ですら物理的に不可能だったことを、AIの導入で1対100とか1対1000でもゆくゆくはできるようになっていく。ここに新たな教育の未開の地が拓けていくのではないかという仮説と捉えてもいいでしょうか。

金丸　そうです。いわゆる「いい先生」とは、生徒一人ひとりに向き合って、個々の抱える問題をよく把握し、それに合わせた対応ができる人だと理解しています。そういう意味でも学習者一人ひとりに合わせて、話を聞いたり引き出せたりすることが、生成ＡＩの可能性としてもっと注目されてもよいのではないかと思います。

――加えて、対話者として、人間の教員とAIを比較してみると、おそらくAIのほうが毎日世界中のさまざまな情報を学習してデータベースを増幅させていると思いますので、対話者として学んでいくスピードや範囲は人間の教員より勝っているのではないかとも思います。

金丸　知識や技能という面では、生成ＡＩの能力はさらに発達していくでしょう。人間の教員でも知らないような専門的なことについても、学習者が聞いてくれれば答えられるようになります。だからといって、人間の教員が不要になるかというと、決してそうではありません。生成ＡＩとのやり取りはあくまでもデータからの学習に基づいたものであり、目の前の学習者がどのように考えていて、どんなことをやろうとしているのかを本当の意味で理解して対応しているわけではありません。人間の教員は生成ＡＩが理解していないことを上手に補っていく、むしろ見ていかないといけないと思います。したがって、学習者と生成ＡＩのやり取りを教員が上手に把握して、それを学校や教室の運営、実際の授業に活かしていく形が求められていくでしょう。

――とてもよくわかります。学習者がさまざまな科目を学ぶのは、知識や技能を習得するだけでなく、将来どのような大人になって自分の人生をどのように設計して切り拓いていくのか、またそれによって社会にどのような存在意義を見出すのかといった、よりメタな目的があると思います。現段階ではこの部分をＡＩに任せることは怖すぎてできないと思います。ＡＩが人間を導いているのか、人間がＡＩを導いているのか、わからなくなってしまうと感じてしまいます。

金丸　フリー素材集「いらすとや」のイラストに、ＡＩが人間の首に縄をかけて引っ張って歩いているものがありますよね。あのような形になってしまうと、昔からＳＦで言われている暗い未来、ディストピアになってしまいます。そうではなく、ＡＩを学習者のことをより深く理解してうまく導いていくために活用できるサポーターの形にしていく必要があると思います。

テクノロジーが教育に与える可能性と国・企業の役割

――2番目の質問テーマとして、テクノロジーが教育に与える影響について質問させていただきます。私が運営しているアオバジャパン・インターナショナルスクールでは、日本以外のさまざまな国籍の子どもたちが学んでいます。彼らは母国語はもちろん、文化的・宗教的な背景も異なりますし、将来どのような社会に身を投じていくのかという前提も違っています。そうなってくると、教育に対する多様性はもちろん、そもそも話し合うための言語すら複数になると思うのですが、そういった教育は、今後「多様性」という観点からも日本で必要になっていくものでしょうか？

金丸　今、私の研究室には、日本語教育を研究対象にしている学生もたくさんいます。日本語教育の分野では、海外出身者およびその二世の日本語をどうするのかが非常に大きなテーマになっています。そういった学習者の教育をサポートする際に、できるだけ学習者の母語に合わせた学習ができるように、自動翻訳などの言語処理技術を活用している事例がいくつかあります。以前はなかなか難しかったことですので、かなり大きな進展があったと言えるでしょう。その一方で、世界的に話者が多い欧米系の言語と、そうでない言語とでは、翻訳技術の精度にかなりの差があることも事実です。まだまだ技術的に十分ではない言語については、国の言語政策の観点から、いわゆる言語権（ある領域で言語話者の民族性・国籍・規模にかかわらず、公私の領域で意思疎通を図るために、言語を選択する人権・市民権に関する個別的・総体的な権利のこと）をきちんと保障していくことが求められていくと思います。ヨーロッパは元々多言語の地域なのでこのような考えが定着していますが、アジアは同様にさまざまな言語があるものの、個別の言語の権利を保障するよりも、効率面や標準化を重視する側面が強いところがありますので、その辺の考え方が整備されていくことがまずは大事になります。全体の8割の人々がテクノロジーで救われる一方で、取り残されてしまう2割の人々をどうするのかについても、真剣に考えていかなければいけないと思います。

——ここまでお話をうかがっていて、テクノロジーが教育にプラスの変化やインパクトを与えられる可能性は非常に大きいと改めて感じました。同時にテクノロジーを活用するには当然リスクもあるため、有効に活用するためのガバナンスも必要になってきます。「学校や教育はテクノロジーを積極的に活用するべきなのか」という命題に対する答えはイエスだと思いますが、その際に実際にリーダーシップを発揮してテクノロジーを有効活用する状態に持っていく人は誰なのかという疑問が湧いてきます。政府なのか、あるいは学校経営者なのかと考えていくと、適材適所的な観点から教育の専門家にも入っていただいたほうがいいのではないかと考えるのですが、いかがでしょうか。

金丸　単に知識や技術的なことであれば、情報科目の教員が教育することになりますが、授業の中でＡＩを活用するということになると、情報の教員だけに頼ることは難しいでしょう。「テクノロジーを教育にどう応用していくか」というアプリケーションの考え方が非常に大事になってきますので、その部分の知見を早急に蓄積していくことが必要ではないかと考えます。「テクノロジーをうまく活用して問題を解決する」というのは、従来の教科教育の枠組みにはなかった視点です。英語教育でも、そのような視点はそれほど定着しておらず、今後ますます大事になってくるでしょう。また、学校教育というと、どうしても科目を教える教員だけがフィーチャーされますが、最新のテクノロジーを使って「授業をどのように効果的・効率的に運営していくのか」を考えるバックヤード側の人材育成・強化もこれからすごく大事になってくると思います。

――今お話をお聞きしていて、頭に浮かんできたことがあります。学生時代、『源氏物語』などの古典を読んで、「この歌を読んだ人の気持ちを想像してみてください」とか「これを書いた作者はその当時どのような人物だったのかを想像しなさい」などの出題がありました。

これは要するに、『源氏物語』の作者である紫式部がどのような人物で、どのような気持ちでこれを書いたのかを想像することだと思うのですが、現在のテクノロジーであれば、紫式部のアバターが画面に出てきて教えてくれるほうが、「想像しなさい、どのように考えるかはあなたの自由です」と言われるよりも、教育のアプローチとしては自分ごととして捉えられるのではないでしょうか。生身の教員ではなく、テクノロジーを使うからこそ可能な文字やビジュアル、音声などを総合的に駆使して表現する学習という世界があるのではないかと感じたのですが、いかがでしょうか。

金丸　今おっしゃった「紫式部はどんな人物だったか」に対し、アバターみたいなもので「私はこういうふうに考えました」と出すのも一つの技術の応用の形になりますね。さらに、たとえば歴史の史料的なものも、これまでは国会図書館や大学図書館などに所蔵されている資料を閲覧しに行ったり取り寄せたりするのが大変だったわけですが、現在はデジタルアーカイブを使うことで容易にアクセスすることができます。また、統計値なども表をそのまま見てすぐに理解することは難しいですが、ＡＩを活用して、数値をグラフ化することができればわかりやすくなります。ただし、現在、これができるのはごく一部でしょう。これができる学習者とそもそものようなものがあることを知らない学習者の間には非常に大きなギャップがあり、それを埋めることが必要です。一方で、データサイエンスやＡＩの専門家は「テクノロジーを使えば、こういうことができる」ということは知っていても、それが教育にどのように活用できるのかについてまで思いが至りません。教員とデータサイエンスやAIの専門家をうまくマッチングして、お互いに得意なことを協力しながらできる教育の仕組みも必要ではないでしょうか。外国語教育の世界では、「チームティーチング（互いに専門を別にする複数の教員がチームとなって実施する指導方法）」という指導法があるのですが、テクノロジーと各科目のチームティーチングがこれから大事になると思います。

――そのチームティーチングですが、小学校であればクラス担任の教員が全科目を教える一方、中学校や高校では専門科目の教員が3年間教えるようになっていきます。教員組織のあり方も科目と教員がある程度紐づいていたのが、今後はより一層専門領域が分かれていくということになるのでしょうか？

金丸　教える専門領域が分かれていくのではなく、これまで個別の教員が苦心していろんな資料を準備していたものが、今後は情報処理の得意なテクニカルスタッフと教員がコラボすることで、授業の準備や教材の研究、それから授業の中身を省力化していくことになるということです。そうしないと、雑務に追われて一杯一杯の教員が十分な教育を行っていくことは不可能になるからです。テクノロジーを活用して効率化を図ることで、科目を担当する教員は、これまで以上に多くの生徒を担当しつつ、専門家のサポートを受けることで、より効果的に授業の準備や運営ができるようになっていく。これから生徒の数がどんどん減っていくので教員の数にも縮小の圧力がかかり、これまでどおりの教育を維持することがだんだん難しくなってきます。そういった意味でも、テクノロジーの導入によって、授業を上手に運営していく仕組みづくりが今から大事になってくるということです。

——先日、アメリカのマイクロソフトが2024年度7~9月期（第2四半期）の業績発表を行いましたが、その中で私が非常に驚いた発表がありました。それは、四半期で生成AI関連に約3兆円（約200億ドル）を投資すると言及していたことです。年間では12兆円に達する規模となり、これは日本政府の教育予算を大きく上回る額です。この規模の投資を行うマイクロソフトのようなテック企業と国家が、教育分野でより連携を深め、革新的な取り組みを進めるべきではないかと考えます。金丸先生は、国家とテック企業それぞれの動きをご覧になりながら、この点をどのようにお感じになりますか。

金丸　政府と企業それぞれが自身の役割をきちんと見極めることが大事だと思います。企業の行うことは慈善事業ではないので、AIに投資することでより業務や組織の効率化を図って、利益を生み出していく事業に注力することになります。一方で、教育は短期的な利益の追求ばかりではなく、将来に対する広い意味での投資という側面があります。この投資はすぐに結果が出るわけでもないので、その点を踏まえて国がどうサポートしていくのかが大事です。「儲からない事業にも注力しないといけない」という意味では、教育は非常に不利な立場にあります。だからこそ、先ほど申し上げた少数言語の人々に対するサポートなど、企業の投資や事業では見落とされがちな部分については国が果たすべき大事な役割であると認めてやっていくことが必要だと思います。

「人が減る時代」に求められるのは、コミュニケーション能力

――最後の質問になりますが、「未来に向けた学びのあり方」ということで、特に20年後30年後を見据えたとき、教員の立場から小学生・中学生・高校生や大学生に対して、「今からこういうことを学んでおいたらいいのでないか」というアドバイスがあればぜひお聞かせください。

金丸　30年後を予測することは非常に難しいのですが、日本に限って言うと確実なことが一つあります。それは人口が1億人を割り込むなど、どんどん人が減っていくことです。また、世界に目を投じれば、インドやアフリカなどのいわゆるグローバルサウスの人口は増え続け

ていますが、これらの国々も経済発展にともなって先進国と同様に人口減少の問題がいずれ出てきます。したがって、20世紀から21世紀にかけて、我々は「人が増える時代」を生きてきたわけですが、これから先は「人が減る時代」を生きていくことになります。そうすると、これまでは人の数で何とかなっていた部分がだんだんと成り立たなくなる。そのためにどのようなことができるのかを考えなければなりません。これまでは人が多く、競争することでいろんなものが生まれてきたわけですが、これからの時代は競争ではなく、むしろお互いに協力をして補っていかないと、厳しい時代になってくるでしょう。協力するためには、いろんな価値観の人々と話す必要があります。コミュニケーションする以外に、我々はお互いを理解することはできませんから、対話というものがすごく大事になってきます。私たちは言葉の重要性をもう一度見直すべきです。現代はＡＩがあるので、外国語でもある程度の意思疎通は可能になると思いますが、ＡＩを使う際にも外国語を使いこなすための知識や能力は必要です。さらに異文化理解も重要になってくるでしょう。多様な価値観を認めるということは、相手の文化を知るだけではなく、自分たちがどのような文化や習慣、考え方を持っているのかを知ることも大事ではないでしょうか。最近、神社の鳥居で懸垂をしている外国人インスタグラマーの動画がいわゆる炎上をしましたが、外国の方から「あれを日本人はどう思うの」と聞かれたら、どう答えますか。日本にある習慣や考え方を説明した上で、「私はこう思う」という自分の価値観や考え方を主張していくことが大事です。ローカルを理解した上で、グローバルに自分の考えを伝える、そういったことができることが、これからの国際社会で求められる力ではないでしょうか。

――大変示唆に富んだ結びの言葉をいただけました。本日はどうもありがとうございました。

巻末特別対談

「教育への投資」こそが、一番真っ当な未来への投資

本書の最後に、東京インターナショナルスクールの理事長であり、国際バカロレア機構（IBO）の国際バカロレア日本大使としても活躍されている坪谷・ニューウェル・郁子さんとの対談をお送りします。日本における国際教育の第一人者でもあり、さらに私の国際バカロレア（IB）カリキュラムの師匠でもある坪谷さんに、インターナショナルスクール設立の経緯から、国際バカロレア（IB）の普及にかける情熱、そして日本の教育行政への提言まで幅広くうかがいました。

坪谷・ニューウェル・郁子

Ikuko Tsuboya Newell

神奈川県茅ケ崎市出身。イリノイ州立西イリノイ大学修了、早稲田大学卒業、東京大学大学院公共政策学教育部公共政策学専攻修士課程修了。

1985年イングリッシュスタジオ（現・東京インターナショナルスクールグループ）設立、代表取締役就任。1994年チルドレンハウス（現・学校法人東京インターナショナルスクール）を設立、理事長就任。同校は国際バカロレア（IB）の認定校。2000年、軽度発達障害など個別指導が必要な中高校生のためのNPOインターナショナルセカンダリースクール（現・東京インターナショナルプログレッシブスクール）設立、理事長就任。

これらの経験が評価され、2012年、国際バカロレア機構（IBO）アジア太平洋地区委員会の委員（現・国際バカロレア日本大使）に就任。文部科学省とともに、日本の教育の国際化の切り札となる国際バカロレア（IB）の普及に取り組み、2021年度より文部科学省大臣官房付国際政策特任フェローを受嘱している。さらに、長年、グローバル教育に携わってきた経験から、自治体や大学などのグローバル教育に関わる委員会の委員や内閣府の教育再生実行会議第9次提言本会議、及び第11次提言ワーキンググループの委員（後に教育再生実行アドバイザー）を務めるなど、数々の教育施策に携わっている。

理念よりも現実的な必要性から生まれた東京インターナショナルスクール

柴田　まず東京インターナショナルスクールについてお聞かせいただければと思います。なぜ坪谷先生は東京インターナショナルスクールを創設なさったのでしょうか？　また、背景や理念としてどういったものをお持ちだったのか。このあたりからお聞かせいただけますか。

坪谷　話は50年前にさかのぼります。私は当時高校生でしたが、年の離れた従兄弟に下の子どもが生まれたんですね。この子は生まれながら非常に重篤な障がい児で、立つことも、話すことも、見ることも、聞くこともできませんでした。できるのは舌を出して首を動かすことだけだったのです。盆暮れに親戚が集まったとき、従兄弟の家族を見ていて、気がついたことがありました。従兄弟の家族はその子が「えー」と言っただけで、何を欲しているのかが瞬時にわかるんですよ。それを見たとき、この家族は絆がすごく深いんだなと思ったんです。また、上のお子さんは大学と大学院で社会福祉を学んで社会的に恵まれない子どもたちの専門家になったのですが、彼女は「私がこの仕事を選ん

だのは妹のおかげなのよ」と言ったんです。
そのときの私の気づきは、「どんな子でも何か光るものを持って生まれてくるんだな」ということでした。従兄弟の子が所属する一番小さな社会は家族ですよね。でもその子は生まれてきて存在しているだけで、「家族の絆を深くする」という役目を持って生まれてきたんだなという気づきが、私の中で一つの転換点でした。

その後、海外留学を経て学んだ自分の好きなことや興味があることをもっと深く追求していくことの大切さをシェアできないかと考えて、英語の学習プログラムをつくり、それを教えるためにお寺の境内に小さな寺子屋のような塾をつくりました。それが現在の東京インターナショナルスクールのルーツです。

その間に結婚して2人の子どもの育児をしている間に、今度は自分の子どもを教育したくなり、娘のための幼稚園をつくってしまおうと考えて、本当につくってしまいました。そして子どもの成長とともに、次は小学校を、その次は中学校をと、今の学校の姿に近づいていったんですね。

ですから「東京インターナショナルスクールの理念」といっても、最初は自分の子どものためにつくったものですから、何も考えずに学校をつくってしまいました。なおかつ日本国籍の子どもは、義務教育期間中はいわゆる「一条校」の学校に通わせないと親が就学義務違反になってしまうことも後から知りました。その結果、私がつくる学校は必然的に日本国籍以外の子どもが通う学校になったということです。

そして日本国籍以外の子どもが集まってきたら、彼らの親の95％は外交官や駐在員などの転勤族で大体3年から4年ぐらいしか日本におらず、次に行く国がどこかもわからないわけです。自分の生まれた国に戻る子どももいれば、全然違う国に行ってしまう子どももいる。そうすると必然的に、どこの国に行っても継続できる教育プログラムを選んでいかなくてはならなくなりました。アメリカンスクールで行われているアメリカ式の学習か、ケンブリッジ国際、もしくは国際バカロレア（ＩＢ）が選択肢にあったわけですが、ちょうど国際バカロレア（ＩＢ）がＰＹＰ（プライマリー・イヤーズ・プログラム）をつくっている最中でした。だから、「あ、これがいいな」と思って、国際バカロレアの認定校として国際バカロレア（ＩＢ）を始めることにしたのです。

また、外国人学校はいわゆる民族学校（アメリカンスクール、ブリティッシュスクール、中華学校、朝鮮学校など）とその他の学校に分かれています。民族学校がない国の子どもも日本にはたくさんいるわけです。そこで私は、民族や宗教に関係なく、男の子と女の子が机を並べて学習できる環境が東京の中心に必要だと思いました。

このように、東京インターナショナルスクールは、教育的な理念よりも、現実の必要性に迫られて今の形があるわけです。

外からではわからないインターナショナルスクール運営の苦労

柴田　私が初めて東京インターナショナルスクールにお邪魔させていただいて、坪谷先生にお会いすることができたのがもう10数年前のことだと思います。当時お聞きしたことで、今でもはっきり覚えている話がいくつかあります。英語が母国語でない子どもたちが英語を第二言語として習得するためには年間でこれだけの時間が必要で、そのためには毎日これだけの時間、英語のシャワーを浴びながら学んでいく必要があるというお話や、校舎を案内していただいた際にPYPのユニットのパネルのテーマについて詳しく説明していただきました。私は「これはすごい。サラッとおっしゃっているけれど、本当に深く考えて運営していらっしゃるんだな」と思いました。

東京インターナショナルスクールは、日本のインターナショナルスクールの中では完全に中立で独立した存在ということで、私もいろんな観点からお手本にさせていただいています。先ほど教育カリキュラムとして国際バカロレア（ＩＢ）を選択された経緯をお話しいただきましたが、東京インターナショナルスクールが目指している教育について、もう少し詳しくお話をお聞かせいただけますか。

坪谷　東京インターナショナルスクールの場合、国籍も民族も宗教も関係なく、いろんな子どもが来ています。外部の方々が学校に見学に来られた際に、「こういう学校がうちの県にも欲しいです」とか「こういう学校をつくりたいと思っているんです」とみなさんおっしゃいます。だけど、東京インターナショナルスクールは、一見多様性がありそうで実はない面もある学校で、なおかつ子どもたちは大きな問題を抱えているんです。

多様性がないとはどういうことかというと、東京インターナショナルスクールに子どもを通わせている親御さんは、みなさんエリートで比較的裕福です。高等教育機関で教育を受けていない親御さんはあまりいません。逆に言うと、外から見ると生徒の国籍が60カ国から70カ国に及ぶということで一見多様性があると思われるのですが、それは見た目の多様性であって、人と人の基盤である経済的な多様性とか社会的属性の多様性はないのです。

それから子どもが大きな問題を抱えているというのは、柴田さんもご存じだと思いますが、「根のない子ども」の問題です。あるとき、私が朝8時半頃に学校に行ったら、体育館で集会をやっていて、小学校3年生の男の子が前に出てみんなに何かを話していました。何

を話しているのかなと聞いたら、彼が一番嫌いな質問は「君はどこの出身なの」と聞かれることだというのです。その子は以前「ベトナム出身です」と答えたら、質問した人から嘘つき呼ばわりされたそうなのです。実はその子はお父さんがイギリス人、お母さんがオーストラリア人で白人なのですが、東京に来る前はずっとベトナムに住んでおり、一番の親友はまだベトナムにいるようでした。彼にとって、自分の出身地はベトナムであり、両親の出身地であるイギリスやオーストラリアではないわけです。つまり、うちの学校の子どもたちは、自分が根を張る部分が言えないんですね。

だから、私が学校でいつも言っているのは「We belong to mother earth.（私たちは母なる地球で暮らしている)」なんです。地球がルーツであるとせざるを得ない。子どもたちには私たちには想像もできないような深い悩みがあることを私たちが理解していかなくてはいけないと思うんです。私の学校に来ている子どもたちは確かに親がエリートで社会的属性は高いわけですが、周囲がそれだけを見て、「いいな」と思うのは間違っていると思います。そこは気をつけて指導していますね。

柴田　そういう意味では、そのような複雑なバックグラウンドを持つお子さんが集まっている以上、学校を運営する先生方や職員の方々も、個々のお子さんの家族の背景なども理解した上で、学校というコミュニティを運営することが大切になってくると思うのですが、教職員の採用や理念の浸透にはかなりご苦労されたのではないですか。

坪谷　柴田さんもご存じだと思いますが、欧米の社会では理事長といえども現場職員の職域を侵してはならないという決まりがありますよね。

柴田　先生の職域についてあまりに突っ込んだことを発言すると、それは干渉であるということですね。

坪谷　理事長の仕事は決まっているので、校長の職域に対して私が口出しすることはできないのです。だから個々の教員に対してどのように指導するのか、私には権限がないのです。ただ、うちは教員の国籍も19カ国に及び、みなさんいろんな国・地域から来ています。また、いろんな国・地域のインターナショナルスクールを転々としてきた人たちなので、そういった意味では教員自体もいわゆるノマドな人たちだと言えるでしょう。

柴田　外から見た印象でのコメントになってしまうのですが、東京インターナショナルスクールは在職年数が比較的長い先生方が多いのではないですか。

坪谷　そうでもないですよ。長く勤めていただいている方もいれば、3～4年ぐらいで移る方もいます。それは教員の性質にもよるし、あとはその教員が自分の人生においてどの段階にいるのかによります。たとえば、結婚はしているのかしていないのか、子どもがいるのかいないのか、いるとしたら年齢は何歳ぐらいなのか、実家のご両親は健在なのかどうなのかなど、さまざまな要因によって教員が決めていくことだと思います。

子どもが自分の未来を自分で選択できる国際バカロレア（ＩＢ）

柴田　坪谷先生といえば、国際バカロレア（ＩＢ）の日本における普及にご尽力され、おそらく最も強い信念を持って推進された方として私は本当に尊敬しているのですが、先ほどのお話のとおり、学校の運営だけでも大変多忙でいらっしゃるにもかかわらず、なぜ国際バカロレア（ＩＢ）の普及にそれだけ情熱を注がれたのでしょうか。

坪谷　国際バカロレア（ＩＢ）で学んでいる子どもたちを見ていて、気がついたことがあるんですよ。国際バカロレア（ＩＢ）で学んでいる子どもたちは、自分が何が得意で、何が好きなのかに自分で気づいていくようになるのです。それが将来の職業や高等教育機関での研究分野につながって、自分の未来を自分で選択していくわけですね。

一般論ですが、親から「医者になれ」とか「東大法学部に行け」と言われたからその道を選んでいく子どもは、その選択した道で何か起こったら、人のせいにしてしまうことがあり得ると思うんです。「僕は別に医者になんかなりたくなかった、親がそう言ったからなったんだ」とか。しかし、国際バカロレア（ＩＢ）で学ぶ子どもたちは、自分が本当に好きだからその道を選んでいく。その好きで選んだ道がもしかすると間違っていることもあり得るのですが、その場合も「これは違っていたけれど、これも好きだからこっちに挑戦してみよう」ということで選んでいく。このように「自分の道を自分で選んでいく」という選択をする力を国際バカロレア（ＩＢ）で育てられると思ったんですね。

教育の意味とは何かを考えると、最初にお話しした従兄弟の子どもと同じように、誰もがそれぞれ素晴らしい、得意なところを持っている。それを教育で引き出して、花を咲かせる。各自の長所がお互いに寄り合えば、１＋１が10にも１００にもなるじゃないですか。国際バカロレア（ＩＢ）の素晴らしさはそこだと思ったんですね。日本の従来の教育カリキュラムの中には、そういう考え方はあまりないなという気づきがあって、国際バカロレアを日本でもっと普及させたいと思ったのです。

でも難題はありました。国際バカロレア（ＩＢ）はヨーロッパで生まれた教育プログラムなので、最終試験が当時、英語とフランス語とスペイン語しかなかったんです。英語もスペイン語もフランス語も欧米の言語なので、日本語話者にとっては学習に時間がかかるのです。考える力と言語能力はまったく異なるものですよね。そこが日本での普及にあたって大きな問題だと思っていましたが、幸い国際バカロレア機構（ＩＢＯ）のほうが最終試験を日本語で実施することに同意してくれたので、これでいけると思いました。

柴田　その後も、どちらが本業かわからないぐらいの情熱を注がれて、国際バカロレア（ＩＢ）の日本での普及、特に日本全国の一条校に国際バカロレア（ＩＢ）を導入することにご尽力されてこられた姿を私は目の当たりにしておりますし、今も活動を推進していらっしゃると思うのですが、なぜそこまで精力を傾けていらっしゃるのでしょうか。

坪谷　私は教育の基本として、「経済格差や地域格差を教育格差にしてはいけない」という思いがあるんです。私の東京インターナショナルスクールも、柴田さんのアオバジャパン・インターナショナルスクールも、年間の学費は200万円から300万円かかりますよね。実際、それぐらい取らなければ学校を運営していけないわけです。だけどその学費を払える家庭で、インターナショナルスクールが近くにある東京の子どもはラッキーで、そうでない子どもはアンラッキーなのかということです。それをしてはいけないというのが、私の一つの考え方なんですね。だから親の社会的な属性や経済的なバックグラウンドがどうであろうと、グローバルな教育を受けたいと思ったら、誰もが受けられる環境

をつくるのは、私たち大人の役目の一つだと思っているのです。だから一生懸命なんです。

柴田　私も坪谷先生の薫陶を受けていますので、同じような問題意識を持っています。国際バカロレア（ＩＢ）のような教育カリキュラムを日本にもっと普及させていきたい。私の場合は経営母体がオンライン教育を行う事業会社なので、オンラインをうまく活用して、日本の中にこのようなグローバル人材を育てる教育プロデューサーを提供できるパスやチャンネルをつくりたいというのが、10年前に坪谷先生に教えを請いに訪問させていただいたときのモチベーションの一つです。

また、新型コロナによって、学校そのもののあり方が世界中で変わりました。あのときは学校に通学できない状況だったので、オンラインというテクノロジーを使って教育を続けられる範囲の中で、対面学習とオンライン学習をブレンドしながら学ぶことの一つのきっかけになったのではないかと思っています。特に小学生や中学生の年齢のお子さんにとっては、１カ所にいろんな人たちが集まってキャンパスライフを歩んでいくことは、人間形成においてすごく重要だと思います。そういう意味では、私自身は「学ぶ」という行為の中で、オンラインができることと物理的な環境ができることをうまく組み合わせながらやれたらと思っています。

小学校の1クラス40人は多すぎる

柴田　最後の質問なのですが、今後の日本においてどのような教育や人材が求められるとお考えでしょうか。いつもの坪谷節でお話しいただければと思うのですが。

坪谷　日本人は自虐的だから、メディアなどで「日本の教育なんかもう駄目だ」とボロクソに言う人がいるじゃないですか。でも、世界的に見ると、日本の教育はすごく高く評価されているんですよ。まず基礎学力が高い。北海道から沖縄まで、みんな新聞を読めるし、おつりも数えられる。これは世界の中では割と稀なことで、新聞が読めない人とか、簡単な計算すらできない人が大勢います。そういった意味でも、日本は優れているところがいっぱいあると思います。

もちろん問題も多々あります。私は制度的な面で一番大きな問題点は、学級規模の大

きさだと思います。1クラスの人数は世界平均では23人ぐらいです。だけど日本では約40人です。授業はクラスの平均からプラス5%から10%ぐらいの子どもを標準に教えることになっていますから、1クラス40人だと13%の子どもが落ちこぼれて、8・8%が発達障害で何も対応できません。これは学級規模が大きすぎるからなんです。だけど、学級規模をもっと小さくしてほしいということを提言すると、財務省が大反対です。

でも私は「教育にお金をかける」というのは、一番真っ当な未来への投資だと思っているんですよ。この「未来への投資」という考え方が普及していけばいいのですが。

よく議論になるのが、開成高校は1クラス50人だと。でもそれは地頭のレベルが高い生

徒が集まっている開成だからですね。そういう環境なら50人学級でもうまくいくかもしれません。でも、小学校であれだけの経済的バックグラウンドや社会的属性、それから学力的な違いがある中で、1クラスに40人もいたら、どんなに優秀な先生でも教えられないですよ。私は小学校という義務教育の過程でこそ、学級規模をもっと小さくしないと駄目だと思っています。それが日本の教育制度の中で一番の問題ではないでしょうか。

2つ目は、柴田さんのスクールもそうだと思いますが、先生にとって一番の仕事は授業を設計して、それを生徒に教えることじゃないですか。だけど、実際には、先生が雑用から親のクレーム対応まで、何から何までやらなくてはならない。学校の事務員を増やそうにも、事務員が学校に1人しかいないのは、1人分しか人件費が下りないからですよ。

柴田　日本こそ教育に投資をしなければ、それ以外に投資の振り向け先がないと私も思っています。日本には資源も軍需産業もないので、人材や教育にもっと投資をしないと、日本の国力自体も先細りになっていくと思います。今後おそらく人口対策としては、日本に住みたいという世界の人々をいかに増やしていくのかという移民の問題も出てくると思うのですが、そのときにはやっぱり教育がしっかりしていないと、どのような政策も実行できないと思います。そういう観点からは、私はインターナショナルスクールという選択肢を示すことで、日本の教育にもいろんなあり方があるんだよという気づきのきっかけになればと思っています。

坪谷　私は外国人学校に関して、まず定義をつくることが必要と思っているんですよ。信じられないことに、日本には定義すらまだないんです。これは声を上げて、変えていかなくてはいけないと思っています。

柴田　本日はお忙しい中、ありがとうございました。これからも日本におけるグローバル人材の育成について、アドバイスをいただければ幸いです。

F

おわりに

教育界においてグローバル化の波がますます大きくなっています。この流れは、インターナショナルスクールの経営や教育方針にも大きな影響を与えており、今後もその重要性は増していくでしょう。これからの世界を生きる次世代のリーダーたちは、異なる文化や価値観を理解し、国際的な舞台で活躍できる能力を身につけなければなりません。インターナショナルスクールは、そのような人材を育成するための中心的な役割を果たす教育機関です。

ここで思い出すのは、日本の国際教育の礎を築いた新渡戸稲造（1862~1933）です。新渡戸は日本の武士道精神を海外に広めたことで知られていますが、それだけでなく教育者としても国際的な視野を持ち、世界に通じる人材を育成することに尽力しました。彼は、札幌農学校で教鞭をとりながら、生徒たちに単なる知識の伝達ではなく、国際的な視点を持つことの重要性を説きました。また、国際連盟の事務次長として、平和の実現と国際理解を推進し、まさに「世界市民」としての生き方を体現していました。

新渡戸が掲げた「国際的な協力と理解」の理念は、今日のインターナショナルスクールの教育方針にも深く通じるものがあります。彼は、教育を通じて異文化理解を促進し、互いに協力し合い、ともに成長することの重要性を強調しました。この考え方は、今後の教育戦略にも大いに参考となるものであり、グローバル社会におけるリーダーシップを育てるためには、欠かせない要素です。

インターナショナルスクールは、次世代のグローバルリーダーを育成する重要な場です。その経営戦略においては、国際的な視野を持ちながら、常に革新的なアプローチを取り入れることが求められます。本書が、スクール運営者や教育関係者のみなさまにとって、教育の未来を見据えた戦略的な判断に役立つことを願っています。

謝辞

本書『未来をつくるインターナショナルスクール経営戦略』は、多くのみなさまの温かいご支援と貴重な知見に支えられ、無事に完成することができました。この場をお借りして、深く感謝申し上げます。本書は、インターナショナルスクールが持続可能な経営を実現し、次世代のリーダーを育成するための具体的かつ実践的な指針を示すことを目的としています。国際的な視野や多文化理解がかつてないほど重要視される時代において、教育機関がどのように価値を創造し、変化する社会に貢献していくべきかを深く考察しました。本書が教育機関の経営者、教育者、保護者のみなさまにとって、新たな視点や実践的なアイデアを提供し、日々の活動に役立つことを心より願っています。

本書の制作にあたり、貴重な知見と洞察を共有いただいたみなさまに、特別な感謝を申し上げます。対談やインタビューを通じて国際教育の未来について鋭い視点と豊かな経験をお寄せくださったマーク・ランカスター様、キャロル・犬飼・ディクソン様、坪谷・ニュウエル・郁子様、金丸敏幸様のご協力なしには、本書の完成はあり得ませんでした。

また、アオバジャパン・インターナショナルスクールの教職員のみなさまには、日々の教育現場から得られた実践的な知見を提供いただきました。特に、これまでスクールの発展を支え、進化をリードしてくださったケビン・ペイジさん、ケン・セルさん、エドワード・ローレスさん、カレン・オニールさん、リズ・ド・スーザさん、板倉平一さん、宇野令一郎さんをはじめとするみなさまには、深く感謝申し上げます。教育の現場で培われた具体的な知識と経験が、本書の実践性を高める大きな基盤となりました。

さらに、企画から編集、校正に至るまで本書を支えてくださったプレジデント社出版チームの渡邉崇様、田所陽一様、加藤学宏様には、プロフェッショナルなサポートをいただき、心より御礼申し上げます。同時に、株式会社Ａｏｂａ‐ＢＢＴの書籍出版チームである高橋香織さん、笠原瑛二さん、鈴木優衣さんには、制作過程のすべての段階においてご尽力いただだき、深く感謝申し上げます。また、教育分野でご活躍される宮本一嘉さん（ハンドルネーム：knockout）には、専門的な知見に基づく具体的なアドバイスをいただき、本書の完成度をさらに高めていただきました。

最後に、ビジネス・ブレークスルー大学・大学院の大前研一学長をはじめ、教職員のみなさま、そして株式会社Ａｏｂａ‐ＢＢＴの社員のみなさまにも厚く御礼申し上げます。みなさまの教育への情熱と革新への取り組みが、本書執筆の大きなインスピレーションとなりました。グローバルな教育環境の未来を切り拓くためのパートナーとして、みなさまのご協力なしには本書は成り立ちませんでした。

本書が、インターナショナルスクールの経営に携わるみなさまや、国際教育に関心をお持ちのすべての方々にとって、新たな戦略的視点を提供し、未来の教育の発展に寄与する一助となることを心より願っています。

教育は未来を切り拓く力を持っています。本書がその力を最大限に引き出す一助となることを願っております。

２０２４年12月吉日

柴田 巖

著者紹介

柴田 巖（しばた・いわお）

京都大学工学部、同大学院で工学学士・修士を取得。その後、多角的な視野を獲得するために、英国London School of Economicsにて経済学修士、米国Northwestern大学Kellogg Graduate School of ManagementでMBAを取得。京都、ロンドン、シカゴでの生活と学びを通じて、都市、テクノロジー、ビジネス、政治経済地理等の社会科学を横断する独自の視点を磨く。

経営のプロフェッショナルとしては、IT系コンサルティングAndersen Consulting（現アクセンチュア）、経営戦略コンサルティングBooz Allen & Hamilton、大前・アンド・アソシエーツに勤務。1998年5月、日本におけるインターネット時代を見据えてネットスーパーの先駆けである株式会社エブリデイ・ドット・コムを大前研一と共同創業し、代表取締役に就任。その後、民事再生企業の再建（オレンジライフ株式会社）や料理宅配の先駆けとなる株式会社旬工房の経営者として事業を黒字化に導く。

教育界においても、日本の教育に革新をもたらすべく、大前研一が創業した株式会社ビジネス・ブレークスルーの代表取締役社長に2018年就任。同社の大学院教授も歴任。また、2013年からはアオバジャパン・インターナショナルスクールの経営に参画し、日本最大規模の国際バカロレア（IB）認定校へ成長。同校以外の複数のインターナショナルスクールの経営に参画し、幼小中高の一貫校を通じて世界標準の教育の国内普及に努める。

草の根レベルの中立的な国際交流を積み上げるために、大使館親善交流協会の理事長を務める。この役職を通じて、各国大使館を対象にした日本語スピーチの機会等を提供し、日本社会や文化の価値を発信し、見つめ直す機会の提供に努めている。

株式会社Aoba-BBTは現在、アオバジャパン・インターナショナルスクールで培った国際教育事業と、若手社会人から経営層に至るまでを対象としたリカレント教育を主軸とする「知のネットワークは人間の能力を無限に伸ばす」というミッションの下、インターナショナルスクール、企業研修、オンライン大学・大学院（MBA）など多様な教育サービスを提供しており、その業績は日々拡大している。著書に『未来をつくる大学経営戦略』『未来をつくる人と組織の経営戦略』（いずれもプレジデント社）がある。

未来をつくる
インターナショナルスクール経営戦略

2024年12月12日　第一刷発行

著者　柴田 巖
発行者　鈴木勝彦
発行所　株式会社プレジデント社
〒102-8641東京都千代田区平河町2-16-1
平河町森タワー13階
https://www.president.co.jp/　https://presidentstore.jp/
電話　編集 (03) 3237-3732
販売 (03) 3237-3731

編集　渡邉 崇　田所陽一
構成　加藤学宏
編集協力　高橋香織　宮本一嘉　笠原瑛二　鈴木優衣
販売　桂木栄一　高橋 徹　川井田美景　森田 巖　末吉秀樹
庄司俊昭　大井重儀
装丁　秦 浩司
制作　関 結香
印刷・製本　萩原印刷株式会社

ISBN978-4-8334-2554-4
Printed in Japan